가슴 뛰는 스마트 선교사

모든 인간은 하나님의 형상을 닮은 존엄한 존재입니다. 전 세계의 모든 사람들은 인종, 민족, 피부색, 문화, 언어에 관계없이 존귀합니다. 예영커뮤니케이션은 이러한 정신에 근거해 모든 인간이 존귀한 삶을 사는 데 필요한 지식과 문화를 예수 그리스도의 사랑으로 보급함으로써 우리가 속한 사회에 기여하고자 합니다.

가슴 뛰는 스마트 선교사

초판 1쇄 찍은 날 · 2012년 12월 10일 | **초판 1쇄 펴낸 날** · 2012년 12월 15일
지은이 · 이영제 | **펴낸이** · 김승태
등록번호 · 제2-1349호(1992. 3. 31) | **펴낸 곳** · 예영커뮤니케이션
주소 · (136-825) 서울시 성북구 성북1동 179-56 | **홈페이지** www.jeyoung.com
출판사업부 · T. (02)766-8931 F. (02)766-8934 e-mail: jeyoung@chol.com
출판유통사업부 · T. (02)766-7912 F. (02)766-8934 e-mail: sales@jeyoung.com

ISBN 978-89-8350-821-8 (04230)
        978-89-8350-542-2 (세트)

값 10,000원

가슴 뛰는 스마트 선교사

이영제 지음

예영커뮤니케이션

프롤로그

예전에 어떤 강의에 참석한 적이 있었습니다. 그때 강사 분이 이런 말씀을 하셨습니다.

"여러분! 제 강의에 대해 크게 기대할 것이 없습니다. 기대가 크면 실망도 큰 법이니까요."

물론 그분은 겸손의 표현으로 이러한 말씀을 하신 것입니다. 그러나 저는 이 책을 내어놓으며 굳이 그런 표현을 사용하고 싶지 않습니다. 오히려 이렇게 말씀드리고 싶습니다.

"기대해 보세요. 꿈을 가지세요. 당신도 하나님의 사랑을 느껴 보세요."

이 책을 내어놓는 이유가 여기에 있습니다.

누구나 이런 생각을 한번쯤 합니다.

'내 삶을 소설로 쓴다면 책 몇 권은 나올 것이다.'

저도 비슷한 생각을 하고 있던 사람 중 하나입니다. 언젠가 한번 책을 써 보아야겠다는 생각을 하고 있었습니다. 그러나 그 시기는 속으로 '죽기 전'이라고 막연하게 생각했습니다. 그런데 우연한 기회에 제 이야기를 시작하게 되었습니다. 눈이 오는 날 제가 사는 산본에서 길을 가다 미끄러졌는데, 그때 제 어린 시절의 추억이 갑자기 떠오른 것입니다.

누군가 이런 말을 했습니다.

"자서전은 결국 자기 잘났다고 하는 책이다. 반대로 자기가 고생하고 못났다고 하는 것도 결과적으로는 마찬가지다."

그래서 저도 이 글을 쓸 때부터 몇 번을 망설이고, 또 이 책을 출판사에 보내는 마지막 순간까지도 그런 고민에서 자유로울 수가 없었습니다. 때로는 고생담에 대한 자랑 같기도 하고, 때로는 더 고생하신 분들에 대한 예의가 아닌 것 같고, 때로는 저 자신의 부끄러움이 드러나는 것 같아서였습니다.

그러다가 기도하는 중에 예수님께서 속옷을 하나도 걸치지 않고 십자가에 달리신 모습을 보게 되었습니다.

그러면서 주님께서 말씀하시는 음성을 들었습니다.

"네가 나보다 더 부끄럽니?"

이 음성에 저는 오히려 부끄러워 고개를 들지 못했습니다. 어떻게 제가 주님보다 부끄러울 수 있단 말입니까? 그런 일은 있을 수 없습니다. 그래서 제 이야기를 통해 부족한 한 사람이 주님을 어떻게 만났는지에 대해 세상에 내놓아야 한다고 생각했습니다. 세상적인 그 어떤 성공을 한 것도 아니지만, 그동안 지내온 이야기를 주님이 쓰시겠다고 하시면 기꺼이 드려야 한다는 마음이 들었습니다.

이 책에 드러난 부족한 한 사람의 모습은 제 자신의 개인적인 이야기이지만, 때로는 우리 모두가 살아온 삶의 모습일 것입니다. 그 가운데서 하나님이 얼마나 우리와 함께하셨는지 깨닫고 하나님과 함께 울고 웃을 수 있다면, 저는 더 이상 바랄 것이 없습니다. 늘 보이지 않는 곳에서 평생을 함께한 아내에게도 고맙다는 말을 전하고 싶습니다.

아울러 이 글을 끝까지 쓸 수 있도록 격려와 찬사를 보내 주신 페이스북의 '선교하는 사람들 이야기' 그룹의 회원님들에게 감사를 드립니다. 이 글들은 2012년 1월 31일 페이스북 '선교하는 사람들 이야기' 그룹에 첫 글을 등록하면서 시작되었습니다.

또한 책으로 만들어지기까지 원고의 교정과 정리를 해 주신 헤피라이트하우스 홍일권 목사님과 예영커뮤니케이션 대표 김승태 장로님께 깊은 감사를 드립니다.

수리산 아래 산본에서
이영제

목차

프롤로그 5

1장 어린 시절의 고난과 역경 | 11

눈 덮인 도로 | 잘되라고 보낸 무당집 | 홀로 잠시 버려진 아이가 되어 | 호랑이 할머니 | 종소리를 따라간 교회 | 옷 장사 아버지 | 산골짜기 논과 썰매 | 눈 덮인 도로에서 2 | 부모님에 대한 기억 | 얼룩진 학창 시절 | 재미 들린 독서 | 나의 놀이터 묘지 | 신문배달 | 돈 벌 궁리 | 탄광촌으로 | 새마을 공장 실습생 | 도둑 맞은 월급 | 학원생활의 꿈 | 성미를 먹으며 다닌 교회 | 수정이 집을 방문함 | 새벽기도를 시작한 이유 | 조직 폭력배로 엮임 | 수정이 어머니의 유언 | 다시 일을 찾아서 | 새로운 일터 | 등대 만들기 | 처음 시도한 A/S | 음악 듣기 | 대성리 나룻배와 수정이를 보내며 | 감당할 수 없는 나의 마음 | 나에 대한 세 가지 이미지 | 정신병자로

2장 하나님을 뜨겁게 만나다 | 75

정신병원에서 수도원으로 | 할렐루야! 전도 | 성경을 더 알기 원해서 | 다시 돈을 벌기 위해 | 기아바이 | 군대를 가게 되었습니다 | 내 생애 첫 승리 | 행군과 웅변대회 준비 | 소총과 사격 대회 | 삼각산에서 성경 읽기 | 개척교회 전도사 | 어느 날 사라진 전도사 | 영등포 구치소에서 | 아버지와 마지막 만남 | 화도교회로 돌아와서 | 선교사 친구 | 세계적인 부흥강사를 모시고 | 평강교회 전도사로 결혼 | 신혼여행 | 헌집 줄게 새집 다오 | 새벽기도와 신혼살림

3장 컴퓨터 선교사가 되다 | 133

컴퓨터와의 첫 만남 | 컴퓨터 선교? | 나의 첫 PC | 데이터 입력 작업 시작 | 컴퓨터선교회 창립 | 컴퓨터학원에서 | 컴퓨터선교회 홍보, How? | 최초의 기독교용 프로그램 개발 | 컴퓨터선교회 전시회 첫 참가 | 사무실 이전 | 선교회 회원가입 1호 | 첫 강사로 | 원어성경 프로그램 개발 | 처음으로 나를 격려해 주신 교수님 | 컴퓨터 AS 중 일어난 일 | 아내의 꿈? | 소년원 아이들과 | 세계선교지도 | 대한민국복음화지도 | 사막에 샘이 넘쳐나리라 | 미션매거진 | 선교회 후원금 | 전주안디옥교회

4장 새로운 시대의 스마트 선교 | 185

컴퓨터의 발전 | PC 통신시대 개막 | 인터넷 세상으로 | 한 시대는 가고 | PC의 무한한 진화 | 무엇이 컴퓨터인가? | 촌스럽게 나타난 구글 | 소셜 네트워크(SNS) 시대로 | 소셜 네트워크별 특징 | 소셜 네트워크의 선교적 활용 | 페이스북의 선교적 활용

1장 어린 시절의 고난과 역경

SMARTMISSIONARY

눈 덮인 도로

눈 덮인 도로를 보면 어린 시절이 떠오릅니다. 우리 집은 서울-춘천 간 46번 국도인 경기도 마석에 있었습니다. 서울 쪽에서 보면 '모재'라고 부르던 고개(지금은 마석 공원묘지)를 넘기 직전 오른쪽에 '응달마을'이 있었습니다. 우리 집 방문을 열면 바로 그 고개가 보였습니다. 지금은 그 자리에 휴게소가 생겼습니다.

제가 초등학교 1학년이었을 때, 앞마을 도로 건너에 사는 친구 집에 놀러갔습니다. 그 친구 집에는 텔레비전이 있어서 김일 선수가 박치기하는 레슬링을 볼 수 있었습니다.

레슬링이 다 끝나고 시간을 보니 밤 10시가 다 되었습니다. 밖에는 눈이 잔뜩 쌓여 있었습니다. 벌써 차들이 지나 다녀서 도로가 반들반들해져 있었습니다. 저는 눈 덮인 길을 건너다 미끄러 넘어졌는데, 그때 그만 팔이 부러졌습니다. 그리고 온몸에 힘이 다 **빠**지는 것 같았습니다. 일어나서 길을 건너야 하는데 몸이 움직이질 않았습니다.

그때 모재 고개를 넘어 내려온 큰 덤프트럭이 제 앞으로 달려오고 있었습니다. 제 눈에는 큰 불빛 두 개만 보였습니다. 그리고 제 귀에는 경적 소리가 귀가 떨어져 나갈 만큼 크게 "빵~" 하고 들렸습니다. 그리고 저는 의식을 잃었습니다.

잘되라고 보낸 무당집

제 인생 필름을 옛날로 조금 더 돌려보겠습니다. 구약성경에 보면 사무엘의 어머니 한나가 나옵니다(삼상 1:1). 한나라는 이름에는 '은총' 이라는 뜻이 있습니다. 그는 남편의 사랑을 독차지했지만, 이것 때문에 소실인 브닌나로부터 많은 시기와 질투를 받았습니다. 한나는 자식이 없었기 때문에 아들만 낳을 수 있다면 여한이 없겠다고 생각했습니다.

> "서원하여 이르되 만군의 여호와여 만일 주의 여종의 고통을 돌보시고 나를 기억하사 주의 여종을 잊지 아니하시고 주의 여종에게 아들을 주시면 내가 그의 평생에 그를 여호와께 드리고 삭도를 그의 머리에 대지 아니하겠나이다"(삼상 1:11).

어머니께서 저를 이런 식으로 낳으신 것인지는 모르겠지만, 한

가슴 뛰는 스마트 선교사

살이 넘었을 때 저는 엘리 제사장이 아닌 만신 할머니에게 보내졌습니다.

　제가 좀 컸을 때 더듬어 본 기억으로는 만신 할머니의 집은 온갖 우상으로 가득 차 있었습니다. 큰 칼에 정신없는 색깔들하며, 무서운 그림들과 장구, 북 등이 있었습니다.

　저는 그런 것들이 너무나 싫었습니다. 무섭기도 하고, 두렵기도 하고, 어떤 때는 냄새가 나는 것 같았습니다. 그래서 그런지 그곳에 있는 동안 몸이 안 아픈 데가 없고 온갖 잔병을 다 치렀습니다. 한마디로 '아이가 살아 있는 것이 기적이다'라고 할 정도였습니다.

　어렸지만 지금도 기억하기 싫은 우상들 틈에서 살았습니다. 속으로 눈물을 흘리면서 말입니다. 그래도 기적적으로 잘 자랐습니다. 그런데 네 살쯤 되었을 때부터 저는 팔이 자꾸만 부러졌습니다. 오른팔이 부러지고 나면 왼팔도 부러졌습니다. 팔이 부러질 때마다 너무나 고통스러웠습니다.

　그때마다 만신 할머니는 저를 병원으로 데려가지 않으시고 무슨 색동옷을 입고 춤을 추며 쌀을 방바닥에 집어던지셨습니다.

　만신 할머니는 자꾸만 아픈 아이를 도저히 더 이상은 못 키우겠다면서 저를 내다 버렸습니다. 큰길가에 버려진 아이는 가다가 비를 맞고, 무지개가 있는 저쪽 언덕을 향해 걸어갔습니다. (이 내용은 나중에 할머니와 어머니께 들은 이야기와 제 희미한 기억을 더듬은 것입니다.)

홀로 잠시 버려진 아이가 되어

저의 부모님은 지금은 모두 돌아가셨습니다. 어머니는 충청도 분이셨는데, 외가 쪽으로는 외할머니와 어머니만 계셨습니다. 외할머니는 제 어머니의 생일도 기억하지 못하셨습니다. 면사무소에 가서 출생신고를 해야 하는데, 할머니가 어머니의 생일을 모르자 면서기가 임의로 1933년 3월 3일로 기록해 놓았습니다. 외할머니와 할머니는 글을 한 자도 모르셨습니다.

지금 생각해 보면, 대성리에서 현리 쪽으로 가는 길 오른쪽 산자락 아래에 만신 할머니 집이 있었던 것 같습니다. 큰 도로변에 버려진 저는 그냥 그 길을 따라 한참을 걷다가 길옆에 털썩 주저앉았습니다. 가끔 군용 트럭이 먼지를 날리며 제 앞을 스쳐 지나갔습니다. 그리고 무서운 어두움이 찾아왔습니다. 지금까지 많은 밤을 새워 보았지만, 그때처럼 무섭고 추운 밤은 처음이었습니다.

그렇게 긴 밤이 지나고 태양이 떠올랐습니다. 저는 또 걸었습니다. 정오쯤 된 것 같았습니다. 태양이 내리쪼이고 어지럽기 시작했습니다. 저는 길가에 풀썩 주저앉았는데, 그 다음 일은 기억이 나지 않습니다.

나중에 정신을 차리고 보니 저는 어떤 낯선 여인의 품에 안겨 있었습니다. 제 어머니였습니다.

"다시는 너를 그 누구에게도 맡기지 않겠다."

어머니는 저를 보면서 눈물을 뚝뚝 흘리며 말씀하셨습니다. 자초

가슴 뛰는 스마트 선교사

지종을 듣고 보니, 제가 길에서 쓰러져 있었을 때, 저를 만나러 오시던 외할머니가 기적적으로 저를 발견하셨다고 합니다. 전날 외할머니의 꿈에 제가 나타나 손을 흔들었다는 것입니다. 그래서 저를 보려고 오시는 길이었는데, 제가 길가에 쓰러져 있는 것을 발견하신 것입니다.

저는 이 일을 겪은 후로는 집으로 돌아와서 어머니 품에서 자라게 되었습니다. 그런데 그 전에 자주 부러졌던 팔이 눈길에 넘어지면서 또 부러졌습니다.

나중에 부모님은 만신 할머니에게 찾아가서 따지셨습니다. "아이를 그렇게 내다 버리면 어떡해요?"라고 말입니다. 만신 할머니는 저를 버린 적이 없고, 제가 없어진 것이라고 하셨습니다. 정확한 것은 알 수 없지만, 저는 결국 만신 할머니 집을 떠나게 되었습니다.

이 이야기는 어머니께 들은 이야기와 제 희미한 기억을 더듬은 것입니다. 저는 그 만신 할머니 집에서 돌아와 비교적 잘 적응하고 놀았습니다. 그러나 한동안 거의 말을 하지 않았습니다. 어렸을 때 저는 여자아이들만 보면 얼굴이 괜히 시뻘게졌습니다. 그리고 지금도 내성적인 성격 때문에 사람들 앞에만 서면 벌벌 떱니다.

호랑이 할머니

우리 마을에는 무서운 할머니가 두 분 계셨습니다. 두 할머니는 우리 집에 자주 오셨는데, 그분들이 우리 집에 계시면 저는 무서워서 방에 들어가지도 못했습니다.

한번은 밤이 되었는데도 두 할머니가 우리 집에 계속 머물러 계셨습니다. 저는 방에 들어가지 못하고 집 주변을 뱅글뱅글 돌다가 굴뚝 옆에서 잠이 들었습니다. 굴뚝 옆은 저녁 불을 때고 난 뒤라 따뜻했습니다. 그때 집에서는 제가 없어졌다고 난리가 났습니다. 온 동네를 다 찾아다녔는데, 아이가 없었으니까요. 그러다 동네 사람들이 모두 우리 집으로 모여들었고, 어머니께서 굴뚝 옆에서 잠들어 있는 저를 발견하셨습니다.

호랑이 할머니는 동네아이들이 뛰어 놀면 시끄럽다고 작대기고 뭐고 손에 잡히는 것이 있으면 모두 집어던지셨습니다. 그런데 어느 날 호랑이 할머니가 뛰어다니는 우리를 향해 낫을 집어던지셨습니다. 그리고 그 낫이 바로 제 앞에 떨어져 땅에 꽂혔습니다. 이 광경을 보신 어머니는 다시는 호랑이 할머니와 가깝게 지내지 않으셨습니다.

종소리를 따라간 교회

제가 일곱 살쯤 되었을 때입니다. 우리 집 바로 건너편에 작은 산 꼭대기가 있었는데, 그곳에는 마석교회가 있었습니다. 교회와 우리 집은 좀 멀었지만, 제가 어릴 때는 그 주위에 아무 것도 없어서 교회와 우리 집은 가까이 마주보고 있는 것 같았습니다. 매 주일이 되면 교회에서는 늘 "땡그랑~ 땡그랑~" 하고 종소리가 울렸는데, 그 종소리가 우리 집까지 잘 들렸습니다.

한번은 무심코 '저 종소리가 나는 곳에 가 보자'라고 생각하고 집

가슴 뛰는 스마트 선교사

을 나섰습니다. 교회로 올라가는 언덕길에 다다르자 옷을 단정하게 차려입은 사람들이 우르르 그 언덕길을 올라가고 있었습니다. 저도 그 무리에 끼어서 함께 올라갔습니다. 언덕 꼭대기에는 넓은 마당이 있었는데 그곳에는 제가 궁금해하던 종탑이 있었고, 마당을 가운데로 해서 한쪽에는 교회 건물이 있었습니다. 어른들은 모두 교회 건물로 들어갔지만, 저는 혼자 그 종탑 아래서 놀다가 집으로 돌아왔습니다.

며칠이 지나서 교회 종이 또 울렸습니다. 저는 또 그 종소리가 울리는 교회로 갔습니다. 그리고 이번에는 '어른들이 들어가는 저 건물로 나도 들어가 보자'라고 생각하고 교회 안으로 들어갔습니다. 저는 교회 의자에 빼곡히 앉아 있는 어른들 틈에 끼어 그냥 있었습니다.

저는 아무것도 몰랐습니다. 심지어는 그곳이 '교회'라는 것도 몰랐습니다. 하나님 이야기, 예수님 이야기는 어디서 들어본 적도 없었고, 들었다고 해도 이해할 수도 없었습니다.

그날 저는 얼마나 울었는지 모릅니다. 어린아이가 너무 우니까 옆에서 어른들이 걱정스러운 눈빛으로 물으셨습니다.

"너 왜 우니? 혹시 길을 잃었니? 집에서 매 맞고 쫓겨났니?"

저는 교회종이 울리면 기다렸다가 교회를 찾아가곤 했습니다. 주일학교 예배가 따로 있는지도 몰랐습니다. 그냥 저는 어른들 틈에 끼어 의자에 앉아 있다가 돌아오곤 했습니다. 지금도, 미련스러울 만큼 가만히 앉아 있는 것은 잘합니다. 주사 맞는 것은 빼놓고요.

하루는 교회에서 저녁에 영화를 보여 준다고 했습니다. 저는 영화라는 것이 무엇인지도 몰랐지만, 호기심이 생겼습니다. 하루 종일 교회에서 놀다가 저녁에 영화를 보았습니다. 이것이 제가 본 최초의 영화였습니다. 바로 그날이 부활주일이었던 것 같습니다. 예수님이 십자가에 못 박혀 죽으시고 무덤에서 부활하시는 영화였습니다.

그런데 저는 영화의 내용은 하나도 이해하지 못하고 그냥 무서웠습니다. 예수님을 십자가에 못 박는 군인들도 무서웠고, 돌무덤도 무서웠습니다. 영화가 끝날 때쯤 밖은 완전히 캄캄했습니다. 이 무서운 영화를 보고 캄캄한 밤에 집으로 가는데, 다리가 후들후들 떨리고 옆에서 뭐가 튀어나올 것 같았습니다.

집에 들어와 보니 난리가 났습니다. 저녁이 되었는데도 제가 안 들어왔으니까요. 어머니는 집 뒤편 굴뚝에 수없이 가 보셨나 봅니다.

어머니는 무서워 달달 떨고 있는 저에게 화가 많이 나셨는지 회초리로 종아리를 때리셨습니다. 그리고 그 뒤로는 교회에 가지 못하게 하셨습니다.

옷 장사 아버지

아버지와 어머니는 장터에서 만나셨습니다. 아버지의 고향은 강원도 양구입니다. 그곳에는 지금도 큰어머니가 살고 계십니다.

한국전쟁 때 할아버지와 할머니가 친척집에 다녀오신다고 북쪽으로 가셨다가 38선이 갑자기 그어지는 바람에 못 내려오셨습니다. 그러나 아버지는 자유가 있는 남쪽에서 살고 싶다며 혼자서 강원도 눈

가슴 뛰는 스마트 선교사

덮인 산을 넘어오셨습니다. 4일 동안 잠을 자지 않고 남쪽으로 내려오신 아버지는 7일 동안을 꼬박 주무셨습니다. 큰아버지는 큰형이 군대에 갈 때 "잘 보고 총 쏘아라!"라고 부탁하셨습니다. 혹시 사촌 형제일지도 모르니 말입니다.

아버지는 장을 떠돌면서 일명 '장돌뱅이' 옷 장사를 하셨습니다. 보통 5일장이 열리는 양구, 홍천, 오읍리 등을 다니시면서 주로 군부대 젊은 부부들을 대상으로 옷을 파셨습니다. 우리 가족은 아버지 일 때문에 마석에 살았습니다. 아버지는 마석에서 새벽 기차를 타고 동대문 평화시장에 가서 도매로 옷을 사 오셨습니다. 그리고 그 옷을 집에서 하루 종일 정리해서 새벽에 다시 기차를 타고 춘천으로 가셨습니다.

그래도 아버지는 예전에 제법 많은 돈을 만지셨습니다. 마석 장터에도 자리를 잡아 장사를 하셨는데, 그때 어머니를 만나셨습니다.

아버지는 다리를 많이 저는 편이십니다. 그래서 아버지는 결혼을 늦게 하신 것 같습니다. 옛날에는 장애인을 '병신'이라고 많이 놀렸습니다.

동네에서 무슨 일이 있어 싸우면 아버지는 '다리병신', 아들은 '팔병신'이라는 소리를 들었고, 우리 가족은 '병신 노이로제'가 걸려 있었습니다.

아버지가 다리를 그렇게 심하게 절게 되신 것은 옛날에 할머니가 산삼을 캐셨을 때 큰 아들(큰아버지)과 작은 아들(아버지)에게 똑같은

양을 먹이셨는데, 그때부터 아버지가 다리를 절게 되셨다고 합니다.

그런 장애를 가지고 있던 아버지에게 시집오려는 여자는 없었습니다. 아버지는 장사를 하시면서 돈을 좀 많이 버셨는데. 그때 여러 여자에게 돈을 주어 보셨나 봅니다. 그런데 다른 여자는 모두 돈을 주면 그것을 가지고 도망갔는데, 어머니만 도망을 가지 않더라는 것입니다. 그래서 두 분이 결혼하셨답니다.

마석에 장이 서면 아버지는 그곳에서 옷 장사를 하셨습니다. 제가 장날에 가서 아버지가 옷을 파는 한 가운데서 난장판을 벌이면 아버지는 사람을 집으로 보내 어머니에게 "쟤 좀 데려가라."라고 하셨습니다.

그래서 부모님은 저에게 장날이 언제인지 안 가르쳐 주셨습니다. 그러나 저는 장날을 어떻게든 알고 그곳으로 갔습니다. 소들이 모란공원 쪽의 모재 고개를 넘어 우리 집 앞 도로를 지나 장으로 갔기 때문입니다.

"오늘 장날 아니다."

어머니가 이렇게 말씀하시면 저는 밖을 내다보며 말했습니다.

"그러면 엄마! 저기 소가 가는데?."

저는 소가 많이 지나가는 것을 아침 일찍이 보고 벌써 장날이라는 것을 알고 있었습니다. 당시 마석장은 5일장으로 소장이 섰고, 인근 지역의 소들이 많이 모여들었습니다.

그리고 그때의 기억이 하나 더 있습니다. 우리 집 바로 앞에 경춘

가슴 뛰는 스마트 선교사

선 기찻길이 있었습니다. 현재 마석 전철역이 있는 곳인데, 그 앞쪽에는 산이 있었습니다.

바로 그 산 아래가 제가 살던 곳이었습니다. 그곳에 보면 기차를 타고 가는 많은 군인이 태극기를 흔들고 군가를 부르며 어디론가 많이 떠났습니다. 마당에서 뛰어 놀다 군인들이 타고 가는 기차를 보며 저는 외치곤 했습니다.

"엄마, 또 군인들이 탄 기차가 가네!"

그들은 바로 월남(베트남)으로 가는 군인 아저씨들이었습니다.

제가 초등학교 3학년쯤 되었을 때, 우리 집에 처음으로 전깃불이 들어왔습니다. 그 이전까지 우리 집은 등잔불을 사용했습니다. 등잔불을 켜서 늘 장롱 위 높은 곳에 올려놓았습니다. 그래야 방 안을 두루 환하게 비칠 수 있으니까요. 그러나 잠자리에 들기 위해 이불을 펼 때는 가끔 등잔불이 꺼졌습니다. 부잣집은 '호야'라는 유리로 가린 불을 사용했습니다.

처음으로 우리 집에 전자제품이 생겼는데, 건전지를 넣어서 쓰는 라디오였습니다. 그런데 얼마 사용하지 않았는데도 건전지가 다 방전되어 라디오가 켜지지 않았습니다. 제 생각으로는 건전지 대신 전깃불을 켜는 저 전기를 라디오에 연결하면 될 것 같았습니다. 그래서 전기선을 구해서 100볼트 전기를 라디오에 어렵게 연결을 하고 전원을 켰습니다. 가슴이 두근거리는 감격스런 순간이었습니다. 그러나 라디오를 켜는 순간 "픽!" 하더니 하얀 연기가 라디오 속에서 모락모락 피

어울렸습니다. 저는 그때 뭔가 잘못되었다는 것을 알았습니다.

산골짜기 논과 썰매

요즘처럼 기온이 영하 10도를 오르락내리락 할 때면 어릴 적 썰매를 타던 기억이 납니다. 우리 집 앞 아래쪽에는 만국기를 펄럭이며 큰 스케이트장이 개장했는데, 그곳에는 아랫마을 아이들과 가끔은 서울에 사는 아이들이 놀러 왔습니다.

그런데 그곳에는 썰매를 가지고 들어갈 수가 없습니다. 물론 돈도 내야 했습니다. 그래서 저는 썰매를 타려고 집 앞에 있는 논에 곡괭이와 삽으로 골을 파고 물을 댔습니다.

논둑을 한 바퀴 돌면서 쥐구멍과 같은 곳은 다 막았습니다. 물이 흘러 나가지 않도록 하기 위해서였습니다.

그리고 기다렸습니다. 요즘처럼 한 영하 10도쯤 내려가면 논에 댄 물은 잘 얼었습니다. 물이 얼면 저는 그곳으로 썰매를 메고 가서 하루 종일 탔습니다.

그런데 스케이트장에서 스케이트를 타던 아랫마을 아이들과 서울 아이들이 제가 놀고 있는 논으로 왔습니다. 돈을 받는 사람도 없고, 아래 스케이트장보다 얼음이 더 잘 얼었기 때문입니다. 저는 결국 그 스케이트의 기세에 밀려 떠나야 했습니다.

그리고 좀 더 산골짜기로 올라가 다시 논에 물을 댔습니다. 그곳도 물이 잘 얼었습니다. 그러면 또 아래에서 스케이트를 타던 아이들이 올라왔습니다. 저는 그렇게 자꾸만 산골짜기 논으로 올라갔습니다.

눈 덮인 도로에서 2

눈 덮인 도로에서 의식을 잃은 후 정신을 차리고 보니 저는 마석 유일의 병원 만수의원에 누워 있었습니다. 다행히 트럭 밑으로 들어가 하나도 다친 데 없이 기적적으로 팔만 부러졌습니다.

그런데 정신이 들자마자 흰 가운을 입은 사람들이 들러붙더니 골절된 내 팔을 펴겠다고 한쪽에서는 어른들이, 다른 한쪽에서는 흰 가운 입은 사람들이 내 팔을 잡아당겼습니다. 저는 그 고통을 참을 수 없어 죽어라 비명을 지르고 발버둥 쳤습니다. 그러다 난로를 발로 걸어 찼습니다. 불이 붙은 난로는 넘어졌고, 제 팔을 잡아당기던 사람들은 불을 끄러 다 가버렸습니다. 그러면서 제 팔을 잡아 뽑던 일은 멈춰졌습니다. 한바탕 소동이 끝나고 나니 하루해가 저물었습니다.

몇 년 전 저녁 9시 뉴스에 의사 면허 없이 가짜 면허를 붙이고 운영하던 병원이 적발되어 나왔는데, 바로 제 팔을 잡아 뽑던 마석의 그 '만수의원'이었습니다. 지금까지 병원 문을 열고 있었다니, 얼마나 많은 사람이 피해를 받았겠습니까? 아마 그 첫 피해자가 제가 아닐까 싶습니다.

초등학교에 들어간 저는 팔이 자주 골절되어 학교를 제대로 다니지 못할 정도였습니다. 뽕나무 위에서 놀다가 떨어져서 골절되고, 개울로 목욕 갔다가 바위 위에서 넘어져 골절되고, 돌부리에 걸려 넘어져서 골절되었습니다.

그러다가 아버지는 저를 서울에 있는 큰 병원에 데리고 가셨습니다. 아마 그때 아버지는 서울에 있는 큰 병원이라면 제 팔을 고칠 수 있을 것이라고 생각하셨던 것 같습니다.

제 기억으로는 돈암동 쪽에 있는 병원이었습니다. 서울에 처음 올라온 저는 눈이 휘둥그레졌습니다. 사람도 많았고, 길거리 손수레에서 파는 각종 장난감들이 넘쳐났습니다. 그때는 나무로 만든 인형이 유행이었는데, 그 인형 목이 용수철로 되어 있어서 까딱까딱하면서 흔들거렸습니다. 저는 병원에 갈 때마다 장난감 하나를 꼭 손에 쥐고 갔습니다. 그때 서울에는 전차가 있었는데, 그것을 타고 병원에 간 기억이 있습니다.

병원에서 주사 맞는 일은 정말 겁이 났습니다. 그래서 주사를 맞는 대신 약을 먹었습니다. 그러나 약을 목구멍으로 삼키지 못해 그 쓴 약을 우물우물 다 씹어 먹었습니다. 그래도 주사 맞는 것보다는 훨씬 나았습니다.

제가 깁스를 하고 약 3개월이 지났을 때였습니다. 저와 아버지는 그 깁스만 풀면 팔이 다 나아 있을 것이라며 좋아했습니다.

그 당시 저는 늘 팔에 깁스를 하고 다녔습니다. 오른쪽 팔 깁스를 풀면 왼쪽 팔을 했습니다. 두 팔을 한꺼번에 깁스할 수는 없었으니까요. 처음에 3개월을 깁스하고 났는데 골절되었던 제 팔이 도리어 구부러져 있었습니다. 구부러진 제 팔을 보자 아버지는 노발대발하며 난

가슴 뛰는 스마트 선교사

리를 치셨습니다.

"이 새끼들! 아이 팔을 고치랬지, 누가 팔을 구부려 놓으라고 했어?"

그 후 저는 일종의 재활훈련 프로그램을 했습니다. 팔을 강제로 펴기 위해서 집 뒤에 있는 느티나무에 줄을 매달아 놓고 거기 매달렸습니다. 팔을 펴기 위해서였습니다.

우리 집은 근처(약 100m)에서 물을 길어다 먹었는데, 그때는 물지게가 있었습니다. 그런데 물지게로 지어 나르는 것이 아니라 물통을 양손으로 들고 날라야 했습니다. 저에게 이것은 장난이 아니라 매를 맞아가며 해야 하는 일상이었습니다.

이런 노력으로 구부러져 있던 팔은 많이 펴졌습니다. 그러나 휘어진 팔은 펴지지 않았고, 팔은 길게 늘어져 있었습니다. 지금도 팔이 좀 길어서 와이셔츠를 입으면 팔 길이가 맞지 않습니다. 그래서 제 몸 사이즈에 비해 좀 큰 것을 입습니다. 또 구부러진 팔을 보이고 싶지 않아서 여름에도 반팔을 입지 않는 습관이 생겼습니다.

제가 처음 죽음을 목격한 것은 우리 집에서 키우던 바둑이었습니다. 바둑이는 언제나 제 뒤를 졸졸 따라다녔고, 저는 바둑이와 마치 말이 통하는 것 같았습니다.

저는 어려서 아버지가 사다 준 찐빵 모자를 쓰고 다녔습니다. 당시 시골에서 이렇게 멋진 어린이는 없었습니다. 사실 이것도 병원에 갈 때 졸라서 산 것입니다.

한번은 무거운 물동이를 들고 오다가 길에 모자를 떨어뜨리고 왔습니다. 팔이 아프고 물동이가 무거워서 모자가 떨어진 것을 몰랐습니다. 그런데 바둑이가 뒤에서 따라오면서 제 모자를 물고 왔습니다.

어느 날 바둑이는 저 모르게 쥐약을 먹고 입에서 거품을 토하며 제 앞에서 발버둥을 치면서 죽었습니다. 저는 울면서 그 강아지를 껴안고 뒷동산에 가서 구덩이를 파고 묻어 주었습니다.

부모님에 대한 기억

초등학교에 다닐 때 아이들은 모두 우리 집이 부잣집이라고 생각했습니다. 그래서 저는 무료로 나오는 옥수수 빵을 먹지 못했습니다. 아버지는 옷 장사를 하셨고, 어머니는 깔끔하기가 남다르셨습니다. 제가 늘 옷을 잘 입고 다니니까 우리 집을 부잣집으로 생각했던 것 같습니다.

제가 3-4학년 때쯤 시험문제에 '무지개 색이 몇 개인가?'라는 질문이 나왔습니다. 저는 이 문제를 맞힐 자신이 있었습니다. 저는 무지개를 여러 번 보았기 때문입니다. 그래서 네 개라고 썼습니다. 그런데 세상에 유일하게 맞아야 할 제 답이 틀렸다는 것입니다. 모두들 일곱 개라고 썼습니다. 제가 없을 때 아마 짠 모양입니다.

저는 지금도 왜 무지개 색깔이 일곱 개인지 이해가 안 됩니다. 또 왜 이런 문제를 내는지도 이해가 안 됩니다. 나중에 안 사실이지만, 아인슈타인도 어려서 저와 같이 무지개 색깔이 네 개라고 했더군요.

어머니는 수시로 저를 회초리로 때리셨기 때문에 어머니에 대한 특별한 기억은 없습니다. 오히려 매를 안 맞으면 불안할 정도였습니다. 모든 어머니가 다 그렇듯이 저의 어머니도 지독한 데가 있으셨습니다.

한번은 겨울에 나무를 구하러 산에 갔는데, 무덤 근처에서 나무를 모으던 어머니는 날이 어두워졌는데도 집에 갈 생각도 하지 않고 일어서지 않으셨습니다.

"조금만 더 모아 가지고 가자."

겨울이 돌아오면 다른 집들은 장작과 나무들이 집 주변에 여기저기 쌓여 있었습니다. 그러나 우리 집은 단칸방 초가집 오막살이에 저와 어머니가 해 놓은 검불 몇 더미가 전부였습니다.

아버지께 꾸중을 들은 기억은 딱 한 번뿐입니다. 어느 겨울날 중학생이었던 저는 학교에 간다고 하고서는 안 가고 불 피고 놀다가 집에 가곤 했는데, 이것을 아버지에게 들킨 것입니다.

아버지는 밖으로 나가시더니 낫을 들고 방으로 들어오셨습니다. 방구석에 앉아 있는 제 목에 낫을 들이대시면서 뭐라고 하셨는데, 저는 기억이 하나도 나지 않습니다. 낫의 시퍼런 칼날이 제 목에 닿을 때 쇠붙이의 느낌은 아주 싸늘했습니다. 몸서리가 쳐질 정도였습니다. 머리가 온통 하얗게 되었습니다. 아버지가 뭐라고 하셨지만, 그 소리는 들리지 않았고 저는 무조건 손을 들고 빌었습니다.

"잘못했습니다. 잘못했습니다."

그리고 눈물을 주르르 흘렸습니다. 육신의 아버지께 회개한 것입니다. 저를 키우시겠다고 저는 다리로 강원도의 이장 저장을 떠돌아 다니셨는데, 아들이 이 모양이니 말입니다.

나중에 알게 된 사실이지만, 저희 큰아버지는 논에서 꼴을 베시다가 복숭아뼈 있는 곳을 뱀에 물리셨는데 그때 살을 손으로 들어 올리시고 꼴을 베던 낫으로 살을 도려내셨답니다.

얼룩진 학창 시절

저는 중학교에 들어가서 생전 처음 영어라는 언어를 배우기 시작했습니다. 선생님이 영어 단어를 한두 번 읽어 주면 우리는 그 발음을 똑같이 따라 읽었습니다. 한번은 선생님이 저를 지목해서 그 발음을 따라 읽으라고 했는데, 생전 처음 듣는 발음이라 제가 아주 이상하게 발음했던 것 같습니다. 제 발음을 들은 선생님은 픽 웃으셨고, 반 학생들도 저를 조롱하듯 웃어댔습니다. 저는 그날 이후 지금까지 영어와 친하지 않습니다. 황수관 박사님이 하신 말씀에 따르면 모든 웃음은 다 좋지만, 비웃음만큼은 좋지 않다고 합니다.

그리고 늦가을인지, 초겨울인지 마석 장터에 천막 극장이 들어왔습니다. 그때 상영했던 영화가 "섬마을 선생님"이었습니다.

학교에서는 주의를 주었습니다. 밤에 천막극장에 가지 말라고 말입니다. 그러나 저는 그것을 어기고 갔습니다. 궁금한 것은 못 참는 성격 때문입니다. 그러나 규율 선생님께 걸리고 말았습니다. 그때가 중학교 2학년 때였습니다.

아무 일도 없이 지나가나 싶었는데, 며칠 있다가 집으로 우편물이 하나 왔습니다. 어머니에게 학교로 오시라는 호출이었습니다.

어머니는 몸배 바지를 입고 일하시다 말고 서울 선생님들 앞에 섰습니다. 저는 지금도 이해가 안 됩니다. 다른 것도 아니고 "섬마을 선생님"이 뭐가 문제가 된다는 것인지요? (지금 포스터를 다시 보니까 약간 문제가 있는 듯합니다.) 물론 그 영화는 보지도 못했습니다.

저를 훈계하고 때리는 것은 이해가 되는데, 어머니를 불러서 함께 죄인 취급하는 것은 참기가 힘들었습니다. 저는 정학처분을 받았습니다. 이 학교는 S중학교입니다. 제가 이 중학교 1회 졸업생입니다. 이를 제외한 학교에 대한 기억은 운동장의 돌멩이를 치우느라고 고생한 것, 낫과 삽을 가져 오라고 해서 학교 운동장을 만든 것이 있습니다.

텔레비전에서는 가끔 연예인들이 예전에 다니던 학교에 가서 자신의 성적표를 찾아보는 장면이 나옵니다. 저는 솔직히 초등학교 때부터 중학교까지 모두 양가집입니다. 간혹 '미'가 들어 있긴 하지만, 이것은 '미안하다', '밉다' 그런 뜻일 것입니다.

초겨울 두 주 동안 저는 정학을 받고 체육관에서 다른 한 친구와 함께 갇혀 있었습니다. 저와 비슷한 친구가 하나 더 있었던 것입니다. 이때부터 철창에 대한 좋지 않은 이미지가 생기기 시작했습니다. 큰 체육관은 썰렁했습니다. 그곳에는 체육시간에 사용하는 기구들이 있었습니다. 매트들과 높이뛰기를 할 때 사용하는 기구들도 있었습니다.

그때는 기말고사 시험을 치를 때였습니다. 선생님은 둘이서 시험을 보라고 시험지를 던져놓고 큰 철문을 쾅 닫아 버리고 나갔습니다. 저희 둘은 머리를 굴려가면서 답안지를 썼습니다. 웃기는 시험이지요? 저는 나중에 그 친구가 정부종합청사에서 일할 때 몇 번 만났습니다.

제가 다니던 중학교는 그 지역에서 처음 생긴 사립 학교였습니다. 그러다 보니 서울과 구리 등에서도 몇 친구들이 통학을 했습니다. 그런데 나이가 한두 살 저보다 많았습니다. 그중에 '김한수'라는 친구가 있었는데, 제 뒷자리에 앉아 있었습니다. 그 친구는 덩치도 나보다 컸고 맨 뒤에 앉아서 바로 앞에 앉아 있는 나에게 매일 펜으로 쿡쿡 찔러 댔습니다.

한두 번은 굉장히 반항을 했습니다. 저도 한 성질하기 때문에 찌르는 그 녀석을 향해 일어나서 큰 소리로 "야! 이 XX야!"라고 말했습니다. 그런데 그때 선생님이 "이영제!" 하면서 무조건 제 말은 들어보지도 않고 저를 혼내셨습니다. 저는 복도에 나가서 무릎을 꿇고 손을 들고 있었습니다.

앞에서 정학 당했다는 것은 중학교 내내 저를 따라다녔고, 저는 무조건 불량학생으로 내몰렸습니다. 전과가 얼마나 무서운 것인지를 실감했습니다.

이듬해 봄이 되어 개학을 하고, 어느 월요일에 조회를 서는데 선생

가슴 뛰는 스마트 선교사

님께서 말씀하셨습니다.

"지난 토요일에 금곡역에서 김한수가 기차에서 뛰어 내리다가 그만 죽었다."

저는 무슨 소리인지 이해가 되지 않았는데, 선생님은 또 말씀하셨습니다.

"다 같이 묵념!"

당시 힘으로 유일하게 제압이 안 되던 김한수가 죽은 것입니다. 이제 더 이상 나를 괴롭히는 친구는 아무도 없었습니다. 저는 늘 뒤가 허전했고, 마치 길들여진 동물처럼 누군가 찔러 주기를 바라며 가끔 뒤를 돌아보곤 하였습니다.

저는 그때 처음으로 삶과 죽음에 대해서 생각하게 되었습니다. 제가 지금도 확신하는 것은 중학교 2학년만 되도 어른들과 진지하게 대화할 수 있고, 자신의 삶과 미래에 대해서 계획하고 판단할 수 있다는 점입니다.

재미 들린 독서

저는 몇 가지 책을 읽기 시작했습니다. 공자와 노자에 관한 책을 주로 읽었는데, 삶과 죽음에 관한 진지한 답을 찾기 위해서였습니다. 성경책도 한번 살펴보았습니다. 기드온에서 갖다 준 파란색 표지의 작은 신약성경이 우리 집에 있었습니다. 너무 깨알 같은 글자이기도 했지만, 첫 장을 펴고 읽는데 계속해서 사람을 낳는 이야기만 나왔습니다. 그래서 저는 애 낳는 것은 제 소관도 아니고, 별 흥미도 없어서 덮어 버렸습니다.

저는 그때 노자에 관한 이야기를 흥미 있게 읽고 나름대로 그 사상에 매료되었습니다. 노자는 『도덕경』을 썼는데, 앞에는 도경 2,000자, 뒤에는 덕경 2,000자가 한자로 되어 있습니다. 제가 이 책을 읽었다는 것은 아니고 노자에 관해서 말하는 일종의 철학책을 읽었습니다.

저는 노자의 사상을 "물이 도다."라고 표현하고 요약할 수 있다고 생각했습니다. 물을 도(道)에 비유한 것입니다.

"물은 언제나 낮은 곳으로 흐르고, 누가 막으면 물은 흘러가다가 멈춘다. 그러나 그 물을 영원히 가둘 수 없다."

이러한 이야기는 제 마음을 흔들었습니다. 그 이후 저는 이 사상에 완전히 빠졌들었습니다.

공자와 관련된 책도 여러 번 읽었습니다. 그러나 저는 노자가 더 좋았습니다. 또한 러시아의 레오 톨스토이의 『부활』도 참 재미있게 읽었습니다. 어니스트 헤밍웨이의 『무기여 잘 있거라』도 읽었는데, 이 소설은 별로 재미없었습니다.

교과서는 집어 던지고 학교에서 시험을 보든지 말든지 저는 홀로 책만 보았습니다. 집에서 책만 보니까 부모님은 이제 제가 마음을 잡고 공부를 한다고 생각하셨습니다.

나의 놀이터 묘지

제가 다섯 살 때쯤 되었을 때, 우리 집 오막살이가 지어졌고 뒷동산에서는 큰 공사가 시작되었습니다. 홍선대원군의 묘(경기기념물 제48호)가 이장해서 우리 집 뒷동산으로 온 것입니다.

이 근처에 비슷한 묘가 몇 개 더 있는데, 동네 사람들은 그곳을 '운현궁'이라고 불렀습니다.

제 놀이터를 나라에서 돈 들여서 크게 만들어 준 것입니다. 저는 이 묘에 가서 많이 놀았습니다. 묘 양쪽에는 소의 석상이 있었는데 저는 여기에 올라가서 놀곤 했습니다. 이 소는 완전히 제 것이었습니다. 묘 뒤쪽으로 가면 양도 있고, 앉아 있는 호랑이도 있었습니다. 저는 이곳에 올라타고 놀다가 잔디에 드러눕기도 했습니다.

바로 이 뒤쪽으로 넘어가면 마석모란공원이 나옵니다. 제가 중학생이 될 즈음에 모란공원에는 묘가 많이 들어서기 시작했습니다. 저는 그곳에도 자주 가서 놀았는데, 어느 때부터인가 묘비를 보는 재미가 생겼습니다. 묘비 뒤를 보면 그 사람의 일생을 요약하여 새겨 넣은 문구들이 있었습니다.

돈이 많은 사람은 묘가 좀 크고, 좋은 돌에 좀 길게 묘비문을 새겨 넣었습니다. 사람마다 죽은 사연이 가지각색이었지만, 죽음은 아무도 피할 수 없었습니다. 왜냐하면 간혹 갓난아기나 어린아이의 무덤도 보였기 때문입니다. 그 사람이 왜 죽었는지 묘비 뒤를 보면 적혀 있습니다. 그 이유를 다 알기는 어렵겠지만, 대략은 알 수 있었습니다. 그러나 모든 묘비의 공통점은 하나 있었습니다. 어떻게 살았든, 얼마나 살았든 결국은 모두 "… 가 여기에 묻히다."로 끝이 난다는 것입니다.

맹자가 버리고 갔던 그 장터에서, 공동묘지에서 저는 그렇게 자랐습니다.

신문배달

저는 초등학교 6학년 때 돈을 벌기로 마음먹었습니다. 일단 제가 할 수 있는 일이 신문을 돌리는 일이었기 때문에 신문보급소에 찾아 갔습니다. 그리고 새벽에 신문을 돌리기 시작했습니다. 새벽 다섯 시 정도에 일어나서 가야 했는데, 당시 우리 집에는 알람 시계가 없었습니다.

다행히 마석교회에서 정확하게 새벽종을 쳐 주었습니다. 두 번 쳤는데, 한번은 4시 30분에 쳤고, 또 한번은 4시 55분에 쳤습니다.

저는 거의 밤을 새우다시피 해서 종소리를 기다리느라 잠을 설치곤 했습니다. 혹시 듣지 못하고 지나칠까 싶어서였습니다. 교회 종소리를 듣고 일어나 옷을 몰래 입고 살짝 방문을 빠져 나갔습니다. 아버지도 새벽 기차를 타실 때는 교회 종소리를 듣고 나가셨습니다.

이틀인가 나갔는데 어머니가 눈치를 채시고, 새벽부터 어디를 가냐고 물으셨습니다. 저는 사실대로 고백하고 겨우 승낙을 얻어 신문을 돌리기 시작했습니다. 나중에는 어머니가 늘 깨워 주셨습니다. 비가 오나 눈이 오나, 겨울이 오나 여름이 오나 신문을 돌렸습니다. 겨울

가슴 뛰는 스마트 선교사

철에 새벽 영하 10도 아래로 기온이 내려갈 때는 정말 추웠습니다. 벙어리장갑을 끼고 입으로 "후~" 하고 불면 하얀 송이가 끼었으니까요.

신문을 구독하는 집들 중에 한 집은 약 3Km 떨어진 곳에 있었습니다. 그곳은 양계장이었습니다. 새벽에 신문 한 장을 돌리려고 거기까지 가야만 했습니다. 그러나 그때는 이런 것이 불만스럽지 않았습니다. 그곳에 갈 때마다 양계장 아저씨는 제 호주머니에 달걀을 몇 개넣어 주셨습니다.

당시 조간신문은 춘천으로 가는 차에 실려서 마석 파출소 앞에 놓여졌습니다. 그러면 우리는 그것을 신문보급소로 가져가서 배부할 신문을 정리하고 신문 틈에 광고지를 먼저 끼어 넣는 작업을 했습니다.

제가 돌리던 신문 부수는 약 170부 정도 되었습니다. 저는 한 집한 집 어떤 신문을 구독하는지 기억해서 배달 순서대로 신문을 정리했습니다.

가끔은 경제신문, 스포츠신문, 영어신문이 끼어 있어서 한 번만 실수하면 전체가 뒤죽박죽되어 신문을 잘못 배달하기도 했습니다. 그러면 신문보급소로 연락이 오고 다시 배달해야 하기 때문에 신경을 써서 해야 했습니다.

그런데 하루는 신문을 구독하는 어느 집에서 도둑을 맞았다는 것입니다. 그 아저씨는 새벽에 왔다 간 사람이 신문을 배달한 나밖에 없다고 하면서 저를 의심했습니다. 급기야 신문사에 사람이 왔고, 아버지는 이 말을 전해 듣고 난리가 나셨습니다. 그리고 그 일 후에 저는 신문 돌리는 것을 그만두었습니다.

그리고 주말이 되면 모란공원으로 가서 병을 줍는 일도 했습니다. 또 여름에는 산에서 꽃을 꺾어 신문지로 잘 싸서 모재 고개를 지나가는 자동차를 향해 "꽃 사세요!"를 외치면서 꽃을 팔기도 했습니다. 한 번은 초등학교에서 조회를 서는데 교장 선생님이 말씀하셨습니다.

"우리 학교 학생이 도로에서 꽃을 판다고 하는데 하지 마라."

그래서 그 일도 그만두었습니다.

돈 벌 궁리

중학교 때 저는 이미 공부를 해야겠다는 생각을 접고 책상 맨 뒤에 앉아서 어떻게 하면 돈을 벌 수 있을지 궁리했습니다. 여러분은 왜 제가 그렇게 돈을 벌려고 했는지 궁금해하실지도 모르겠습니다.

아버지는 병을 갖고 계셨습니다. 그래서 병원비와 약값이 많이 들었습니다. 어머니는 큰집에 돈을 구하러 갔다가 그냥 돌아오셨는데, 그때 서운했던 일을 저에게 두고두고 말씀하셨습니다.

5학년이 되었을 때 저는 어머니를 따라 도로 공사장에 가서 아스팔트 파낸 덩어리를 트럭에 던져 주는 일을 했습니다.

중학교 때는 신문 돌리는 일 말고 한 가지 돈 버는 방법을 더 찾았습니다. 주말이면 서울에서 천마산으로 통기타를 가지고 대학생들이 많이 놀러왔습니다. 저는 아이스케이크 통을 들고 천마산에 올라가서 텐트 친 곳을 찾아다녔습니다. 천마산의 높이는 812m입니다. 어떤 때

가슴 뛰는 스마트 선교사

는 정상까지 올라가서 네 배 이상의 가격(폭리)으로 팔기도 했습니다. 제법 수입이 괜찮았습니다. 그런데 이것은 주말을 위주로 한 여름 한 철 장사였습니다.

저는 또 돈을 벌 방법을 연구했습니다. 그때 우리 중학교는 그 지역에서 유일하게 사립학교였습니다. 그래서 서울에서 몇몇 친구들이 열차 통학을 했는데, 저는 그 친구들에게 열차에 관한 이야기를 많이 들었습니다.

저는 동네 빵집에서 빵을 떼어다가 기차 안에서(경춘선) 팔아보기로 하고 기차를 탔습니다. 그러나 기차 안에서는 홍익회가 장사한다는 것을 그때 처음 알았습니다. 며칠은 이 사실을 모르고 빵을 잘 팔았는데, 어느 날 그 홍익회 사람들의 눈에 제가 띠면서 저는 개 패듯 두들겨 맞고 다시는 기차에 오르지 못했습니다.

탄광촌으로

겨울방학이 되었습니다. 본격적으로 돈을 벌어야겠다는 생각에 탄광촌에 가기로 마음먹었습니다. 탄광에 가면 돈을 벌 수 있다는 말을 어디선가 들었기 때문입니다. 저는 혼자 가기 싫어서 동네 친구이자 학교 친구인 구서풍을 꼬였습니다. 현재 이 친구는 마석교회 집사입니다. 구서풍의 부모님은 운현궁을 지키는 일을 하셨습니다. 구서풍의 집은 운현궁으로 들어가는 산속 입구에 있었습니다.

저는 구서풍을 밤새도록 꼬여서 함께 가출을 했습니다. 아침에 경춘선 열차를 타고 청량리로 갔습니다. 그리고 영동선을 타고 탄광이 많다는 황지역에 도착했습니다. 그런데 그곳에는 눈이 엄청 많이 왔습니다. 황지역은 우리나라 기차역 중에서 제일 높은 곳에 위치해 있었습니다.

우리는 발이 푹푹 빠지는 눈길을 헤치며 탄광촌 사무실에 찾아가서 일을 하고 싶다고 했습니다. 그런데 우리가 너무 어려서 일을 할 수 없다고 했습니다. 저는 일을 하게 해 달라고 계속 졸랐고 마침내 허락을 받았습니다. 다음날부터 출근하기로 하고 우리는 여인숙으로 돌아왔습니다.

그러나 다시 생각해 보니 이게 아닌 것 같았습니다. 제가 다시 구서풍에게 돌아가자고 했습니다. 그런데 이제는 제 친구가 말을 듣지 않았습니다. 자신은 기어코 여기서 일을 하겠다고 했습니다. 밤새도록 구서풍을 또 꼬였습니다. 돌아가자고…. 그래서 간신히 설득하여 돌아왔습니다. 구서풍은 제가 나중에 전도한 첫 번째 친구입니다.

새마을 공장 실습생

중학교 3학년이었을 때 저는 실습생으로 일을 했습니다. 거의 모두가 고등학교에 진학했지만, 저와 일곱 명의 학생은 새마을공장에서 실습을 했습니다. 실습은 졸업 6개월 전부터 시작했습니다. 그러나 말이 실습이지 사실 무임금으로 노동인력을 사용하는 것이었습니다. 당시 제가 다니던 학교를 세운 이사장이 이 새마을 공장도 만들었습니다. 저는 아침 여덟 시부터 저녁 아홉 시까지 계속 일을 했습니다. 가끔은 철야 작업도 했습니다. 이곳은 미국으로 수출하는 옷을 만드는 봉재 공장으로 지금은 아마 북한에서 하는 일들일 것입니다.

우리는 수출할 박스에 물건(옷)을 집어넣고 번호를 기록했습니다. 가끔은 미국에서 바이어가 왔습니다. 그 바이어는 박스가 쌓여 있는 창고를 돌아보면서 21번, 56번 이런 식으로 박스 번호를 선택해서 가져오라고 했습니다. 그러면 그 박스를 뜯어서 물건이 제대로 되었는지 확인했습니다. 우리는 이런 상황에 대비해 아무 번호도 써 놓지 않은 박스 몇 개를 준비해 두었습니다. 그 박스에는 정성을 다해서 만든, 하자 없는 제품만 있었습니다. 우리는 바이어가 몇 번 박스를 가지고 오라고 하면 우리가 준비한 박스에 그 사람들이 지정한 번호를 써서 중간에 바꿔치기 했습니다. 그러면 큰 무리없이 잘 넘길 수 있었습니다.

실습생들은 기술이 없어 추운 겨울에도 밖에 나가 쭈그리고 앉아 박스 찍는 일을 했습니다. 몇 명이 돌아가면서 박스를 접고 발로 기계를 눌러 호치키스를 박았습니다.

저는 제 차례가 되어 기계에 앉았습니다. 박스를 갖다 대면 발을 눌러 호치키스를 박았습니다. 손이 거의 움직이지 않을 정도로 추웠지만 열심히 일했습니다.

그런데 제가 호치키스를 박는 순간 얼어서 그런지, 닳아서 그런지 호치키스 찍는 그 끝의 쇠붙이가 떨어져 나갔습니다. 이제 박스 찍는 일은 더 이상 할 수 없었습니다. 내일 모래까지 박스에 담아서 수출해야 하는 물건이 있는데, 이제 박스를 못 만드니 큰일 난 것입니다.

공장장이 나타났습니다.

"어떤 새끼가 그랬어!"

그러자 친구들이 모두 저를 쳐다보았습니다. 공장장은 제 얼굴을 무식하게 때렸습니다. 그 순간 저는 쓰러지면서 담벼락에 머리를 부딪혔습니다. 그리고 그 다음은 기억이 없습니다.

저는 의식을 잃은 채 택시에 실려 청량리정신병원으로 이송되었습니다. 다행히 병원에 도착하자마자 회복되어서 금방 퇴원했습니다. 저는 이 일을 집에 알리지 못했습니다.

그 뒤로 저는 일곱 명 중에 특혜(?)로 실내에 있는 재단실에서 일하게 되었습니다. 재단실의 일은 지금은 모두 기계로 하지만, 당시에는 돌돌 말린 원단을 붙잡고 뛰어가 저쪽 끝에 앉아 있는 사람에게 주어야 했습니다. 그것을 '나라시' 한다고 했습니다.

보통 그 길이가 15미터 정도 되었습니다. 원단을 한 뼘 정도 이상으로 얹은 다음 기계로 원단을 재단하는 것입니다. 저는 하루 종일 그 원단을 깔기 위해 먼지를 마시며 뛰어 다녔습니다.

그리고 저는 졸업식 날에도 일이 바쁘다고 해서 졸업식장만 잠깐 갔다가 다시 공장으로 돌아와 일을 해야만 했습니다.

도둑 맞은 월급

새마을 공장에서 일하던 재단사 한 분이 서울에 있는 봉재 공장으로 직장을 옮겼습니다. 어느 날, 그분이 자기가 일하는 회사에 사람이 필요한데 저에게 일해 볼 생각이 있느냐고 했습니다. 저는 이곳 새마을 공장이 싫기도 했지만, 서울로 가고 싶은 마음에 그곳에 가기로 결심했습니다. 그 봉재 공장은 미아 6동에 있었던 것으로 기억합니다.

저는 그곳에서도 똑같은 일을 했습니다. 매일같이 원단을 가지고 뛰었습니다. 얼마나 뛰었는지 저녁에 기숙사에 들어오면 다리가 뒤틀려 잠이 오지 않을 정도였습니다.

그리고 새마을공장에서는 친구들이 있었는데, 이곳 기숙사에서는 제가 가장 나이가 어렸습니다. 그러다 보니 형들은 별의별 심부름을 다 시켰습니다. 말만 퇴근이지 저는 불을 끄고 자기 전까지 온갖 잔심부름을 해야만 했습니다.

한번은 형들이 비오는 한밤중에 물을 받아오라고 했습니다. 저는 너무 짜증이 나서 물을 받아오는 길에 빗물을 주전자에 섞어 가져다주기도 했습니다.

그때 처음으로 후회라는 것을 하게 되었습니다. 학비가 없으면 신문이라도 돌리면서 어떻게든 고등학교에 갔어야 하는 건데….

저는 고향 친구들이 보고 싶었습니다. 못 견딜 정도로 고향이 그리웠습니다. 밤이면 이불을 덮고 옆으로 누워 눈물을 흘리며 하루하루를 보냈습니다.

그러나 고향으로 돌아갈 수가 없었습니다. 이대로 돌아가면 어머니는 '너는 뭐 하나 진득하니 하는 일이 없니?'라고 저를 꾸중하실 것이 분명했기 때문입니다. 또 지금 고향에 가 보아야 학교에 다시 들어가기도 어려울 것 같았습니다.

저는 그곳에서 힘들게 일을 했는데 회사가 어렵다는 이유로 봉급을 받지 못했습니다. 5개월 치 월급을 받지 못했습니다. 그래서 회사도 그만두지도 못하고, "다음 달에 주겠다."라는 말만 계속 들으며 일을 했습니다. 낮에만 일한 것이 아니라 어떤 때는 수출을 앞두고 며칠 밤을 지새우면서 일을 했습니다.

5개월 뒤에 밀린 월급을 받았는데 전부 받지 못하고 두 달 치 월급만 먼저 받았습니다. 돈을 보관할 데가 없는 저는 기숙사에 있는 가방 맨 밑바닥에 깔려 있는 종이를 들추고 거기에다 감추었습니다.

그런데 일을 마치고 돌아와 보니 그 돈을 누가 모두 훔쳐 갔습니다. 이렇게 허망한 마음이 들기는 처음이었습니다. 가슴이 아파왔습니다.

그날 저녁 저는 산꼭대기에 올라가 고향을 바라보면서 마치 늑대가 밤에 능선에서 우는 것처럼 한참을 울고 내려왔습니다. 미아 6동 뒤에 보면 산이 있는데, 그 산꼭대기로 올라가서 성북역을 바라보면 밤에 불빛이 보이고 고향 마석쪽이 보입니다.

학원생활의 꿈

저는 서울에서 1년 넘게 공장을 다녔습니다. 그리고 다시 고향으로 돌아와서 아버지와 진지한 대화를 나누었습니다.

저는 아버지 앞에 무릎을 꿇고 이렇게 말했습니다.

"더 이상 공장을 못 다니겠습니다."

그랬더니 옆에 계시던 어머니가 말씀하셨습니다.

"남들이 다 다니는 공장을 왜 못 다니겠다는 것인데?"

"아무리 생각해도 학원을 다녀야겠습니다. 그동안 제가 모아 둔 돈으로 학원을 다니겠습니다."

저는 눈물을 흘리며 말했습니다. 어머니는 원치 않으셨지만 아버지는 허락해 주셨습니다.

그리고 종로에 있는 검정고시 학원과 신설동에 있는 양재 학원에 등록했습니다. 또한 만져보지도 못했던 꿈같은 피아노를 배우기 위해 동대문에 있는 피아노 학원에 등록했습니다.

학원은 집에서 다녔습니다. 마석에서 아침 일찍 기차를 타고 청량리까지 와서, 마침 저를 위해서 당시 유일하게 개통되었던 1호선 전철을 타고 종로, 동대문, 신설동을 오가며 학원에 다녔습니다. 그때가 지금보다 전철 속도가 더 빨랐던 것으로 기억합니다. 당시는 제기역이 생기기 전이었습니다.

마석에서 청량리까지 기차로 1시간이 걸렸습니다. 시청이나 종로까지는 1시간 30분 정도면 다녔습니다. 당시 경춘선 출퇴근 시간에는 마석 사람들이 모여서 이야기꽃을 피우며 출퇴근을 했습니다. 동네 사람들인데다 출퇴근을 하다 보면 자연스럽게 알게 되었습니다.

서울로 출퇴근하는 초등학교 선생님부터 은행원, 회사원 등 직업도 다양했습니다. 저는 아저씨와 형들 틈에 끼어 자연스럽게 어울렸습니다.

퇴근시간에는 늘 먼저 도착한 사람이 자리를 잡아놓곤 했습니다. 형, 누나, 어른들은 저를 좋아했습니다. 그중에 특별히 저를 좋아하는 조현주 누나가 있었습니다. 이 누나가 다니는 회사는 시청에서 한국은행 쪽으로 가다 보면 높은 빌딩에 있는데, 그 안에 있던 무역회사였습니다.

당시 높은 건물들은 그 주위에 몰려 있었습니다. 저는 누나를 따라서 그 회사에 아침 일찍 가 보았습니다. 누나는 이른 아침 직원들이 출근하기 전에 저에게 커피를 타다 주었습니다. 저는 그때 처음 커피를 먹어보았습니다. 이러한 경험은 갑자기 상류사회로 들어온 것과 같은 기분이 들게 했습니다. 이런 즐거움으로 아침에는 1시간 더 빨리 기차를 타고 가고, 저녁에는 누나가 퇴근하는 시간에 맞추어 기차를 타고 왔습니다.

누나와 저녁 기차 시간을 맞추기 위해 저는 남는 시간에 동대문시장에 있는 동대문 극장에 갔습니다. 극장에는 오징어 땅콩, 과자를 파는 아이들이 있었습니다. 그 아이들은 저에게 다가와 말을 걸었습니다.

"아저씨! 여기 과자도 있고요, 이건 50원이에요!"

처음에는 무관심하게 고개를 돌렸습니다. 그 아이들 중에는 초등학교 1학년쯤 되어 보이는 눈이 큰 김수정이라는 어린 여자아이가 하나 있었습니다. 그 아이는 목에다 줄을 묶어 나무로 만든 상자박스를 메고 있었는데, 참으로 무거워 보였습니다.

저는 남는 시간을 때우기 위해 동대문 극장에서 영화를 두 번 이상 보기도 했습니다. 그러면서 자연스럽게 이 아이들과 가까워졌고 이것저것 자주 사먹게 되었습니다.

성미를 먹으며 다닌 교회

조현주 누나가 저에게 잘해 준 것은 다른 목적도 있었던 것 같습니다. 저를 전도하기 위해서였습니다. 마석까지 가는 기차 안에서 누나는 저에게 전도했습니다. 저는 늘 동양사상, 특별히 노자 이야기를 많이 하면서 이것저것 따져 물었습니다. 저는 어느새 그 시간을 즐기고 있었습니다.

현주 누나는 많은 시간 동안 제 이야기를 들어주었습니다. 그리고 주변 사람들도 상당히 제 말을 잘 들어주는 분위기였습니다. 저는 신이 나서 주제도 모른 채 많은 이야기를 했습니다.

마석 그룹은 교회 다니는 사람과 다니지 않는 사람으로 나누어져 토론을 했습니다. 하지만 늘 결론은 나지 않았습니다.

그러던 어느 주일날 아침, 현주 누나는 저에게 교회에 가자고 제안

했습니다. 일방적인 통보였습니다. 버스 정류장 옆에서 기다릴 테니 나오라고 했습니다.

저는 그날 특별한 일이 없었기 때문에 교회에 갈 수 있었습니다. 강아지가 졸졸 따라다니듯 누나를 따라갔습니다. 그 교회는 바로 화도교회였습니다. 화도교회는 마석 초등학교로 가는 길목에 있기 때문에 저는 이 길을 따라 초등학교에 다녔습니다. 지리적으로는 화도교회가 익숙했습니다.

당시 마석에는 마석교회와 화도교회가 있었고, 마석천주교회와 마석안식일교회도 있었습니다. 마석천주교회는 마석교회로 들어가는 입구에, 마석안식일교회는 화도교회 입구에 있었습니다.

워낙 수줍음이 많았던 저는 어렸을 때 기억 외에는 교회에 대해 잘 몰랐기 때문에 고개를 숙이고 들어갔다가 고개를 숙이고 나왔습니다. 그래서 교회 앞이 어떻게 생겼는지 목사님이 어떻게 생겼는지 보지도 못했습니다.

그런데 예배를 마치고 나오는 길 마당에 목사님, 장로님, 집사님들이 길게 줄을 서서 성도들과 일일이 악수를 하면서 인사를 하셨습니다. 저는 그 광경이 너무도 보기 좋았고 지금도 잊을 수 없습니다. 저는 그때부터 화도교회에 다니기 시작했습니다.

제가 처음 교회를 갔을 때는 청년회가 없었습니다. 저와 현주 누나뿐이었습니다. 그런데 얼마나 열심히 전도했던지 6개월 만에 청년이 40명으로 늘어났습니다. 제가 첫 번째로 전도한 친구는 황지 탄광에 같이 갔던 구서풍이었습니다.

어머니는 늘 저에게 말씀하셨습니다.

"교회 다니면 밥이 나오냐! 쌀이 생기냐!"

당시 화도교회 담임 목사님은 임동혁 목사님이셨습니다. 목사님께서는 교회 성미가 나오면 저에게 주셨습니다. 저는 쌀 한 자루를 집에 가지고 가서 어머니께 말씀드렸습니다.

"교회 다니니까 쌀이 나오네요."

그래서 우리 집은 성미를 먹었습니다. 어머니는 밥을 하시면 아버지가 드실 것을 먼저 푸셔서 아랫목에 이불로 덮어 놓았습니다. 아버지는 집에 거의 계시지 않고 늘 장터로 나가셨기 때문에 언제 집에 오실지 모르는 경우가 많았습니다.

"이번에는 한 5일은 걸릴 거야!"

아버지가 장터로 떠나실 때 하신 말씀입니다. 그러나 어떤 때는 장사가 잘되면 좀 빨리 오시기도 하고, 또 어떤 때는 좀 늦어질 때도 있었습니다.

수정이 집을 방문함

저는 동대문 극장에서 만난 수정이와 가깝게 지냈습니다. 그 당시 동대문 극장에서 상영한 영화는 두 번 이상 다 보았습니다. 오징어도 엄청 먹었습니다. 정가 외 물건의 수입은 파는 아이들이 다 가져갔기 때문에 저는 그 물건을 많이 팔아 주었습니다.

"너 어떻게 여기서 일하게 되었니?"

저는 수정이에게 물어보았습니다.

"지금 사는 집 주인아주머니가 이 극장에서 청소 일을 하시는데, 그분이 소개해 주셨어요."

그러다 어느 날부터인가 극장에서 수정이가 보이지 않았습니다. 다른 아이들에게 물어보았습니다.

"수정이가 요즘 왜 안 나오는지 아니?"

"잘 몰라요."

수정이의 소식을 아는 아이들은 없었습니다. 저는 청소하는 아주머니에게 수정이에 관해서 물어보았습니다. 처음에는 저를 아래위로 훑어보시더니 어떤 말씀도 해 주지 않으셨습니다.

다음날에도 수정이는 또 보이지 않았습니다. 그래서 저는 다시 아주머니에게 찾아가 수정이를 꼭 한번 봐야겠다고 사정하고 주소를 알아냈습니다. 수정이가 살고 있는 집은 청계천 7가의 판잣집 귀퉁이 한 칸이었습니다. 여기저기서 개들이 짖어대는 소리가 고요한 동네의 적막을 깨고 있었습니다.

저는 문 입구에 서서 입을 열었습니다.

"계세요? 누구 안 계세요?"

잠시 후 덜거덕거리며 방문을 열고 수정이가 나왔습니다.

수정이 어머니는 좁은 방에 누워 계셨습니다. 이 방에서 수정이는 어머니와 둘이 사는 것 같았습니다. 저는 그날 저녁 늦게까지 그 집에

가슴 뛰는 스마트 선교사

있었습니다. 수정이는 간혹 다녀간다는 오빠를 기다리고 있었습니다. 수정이 어머니는 자궁암 말기였습니다. 돈이 없어 병원에 가지 못하고 집에 오랫동안 누워 계셨습니다. 수정이는 제 이야기를 어머니에게 한 것 같았습니다.

어머니는 겨우 몸을 일으키시면서 저에게 말씀하셨습니다.

"제 딸아이에게 신경 써 주신다고요? 고맙습니다."

그러고는 다시 자리에 누우셨습니다. 그날 저는 수정이 오빠는 만나지 못하고, 늦은 밤 집으로 돌아왔습니다.

새벽기도를 시작한 이유

저는 첫 번째 간절한 기도 제목이 생겼습니다. 수정이 어머니의 병을 낫게 해 달라는 것이었습니다. 그래서 저는 새벽기도를 나가기 시작했습니다. 새벽에 일찍 일어나는 것은 신문을 돌릴 때 습관이 되어 힘들지 않았습니다. 화도교회로 새벽기도회를 가면 목사님, 장로님, 권사님들이 멀리서 와 계셨습니다.

시골교회의 새벽은 상당히 추웠습니다. 저는 새벽예배뿐만 아니라 시간이 되면 철야예배도 나갔습니다. 이렇게 거의 모든 예배시간에 참여하는 저를 목사님, 장로님께서는 아주 보기 드문 기특한 청년으로 보셨습니다.

눈이 오는 날은 새벽에 일찍 교회에 가서 눈을 치웠습니다. 그런데 저보다 한발 빨리 오시는 분이 계셨습니다. 그분은 화도교회 고길영 장로님이십니다. 고 장로님은 마석의 모란공원 묘의 비석을 모두 만드신 분입니다. 제가 즐겨 보았던 묘비들은 모두 장로님의 석 공장을 거쳐 나온 것입니다.

어떤 때는 장로님이 먼저 오셔서 눈을 치우셨고, 어떤 때는 제가 먼저 와서 치웠습니다. 또 어떤 때는 장로님과 함께 눈을 치웠습니다. 어느 날은 저녁때부터 눈이 와서 초저녁부터 눈을 치우기 시작했습니다. 눈이 내리면 내리는 대로 치웠습니다. 그렇게 눈을 치우며 밤을 새운 적도 있었습니다.

저는 어쩌다 한번 한 일을 고길영 장로님은 화도교회를 개척하실 때부터 지금까지 하고 계십니다.

그 이후 저는 수정이 집을 자주 찾아갔고, 제가 아는 복음을 수정이 어머니께 전했습니다. 처음에는 제 말을 잘 듣지 않으시는 것 같았습니다. 그러던 어느 날 제가 새벽마다 어머니를 위해 기도한다는 말을 들으시고는 눈물을 흘리셨습니다. 그러고는 제 손을 잡아 주셨고, 저는 계속해서 그분을 위해 기도했습니다.

수정이 어머니는 어느 날 이렇게 말씀하셨습니다.

"오늘은 여기서 자고 가! 그리고 우리 아들도 한번 만나보고…."

수정이 어머니의 부탁은 아들에게도 복음을 전해달라는 의미였던 거 같았습니다. 수정이 오빠의 이름은 김동만입니다. 저는 수정이 집에서 몇 번을 잤습니다. 혹시 수정이 오빠가 저녁 늦게라도 오지 않을까 생각했기 때문입니다. 그러나 한 번도 만나지 못했습니다.

가슴 뛰는 스마트 선교사

수정이 어머니는 몹시 아프셔서 늘 고통스러워 하셨습니다. 특히 새벽 2-3시 정도가 되면 심하게 아파하시면서 거의 잠을 이루지 못하셨습니다. 저는 그 신음소리를 들으면서 몇 번의 밤을 지냈습니다. 그때마다 하나님께 기도했습니다.

"하나님! 고통이라도 없게 도와주세요."

제가 집에 내려가지 않고 화도교회 새벽기도에 나가지 않았을 때는 수정이 집에서 잤던 날입니다.

조직 폭력배로 엮임

수정이 오빠 김동만은 저와 동갑이었습니다. 옆집 아주머니의 말로는 청계천인지, 종로인지 나이트클럽에 간다고 했습니다. 어떤 때는 조폭과도 어울리는 것 같다고 귀띔을 해 주었습니다.

어느 날 저녁, 저는 수정이 오빠가 있는 나이트클럽에 찾아갔습니다. 저는 처음으로 그런 곳에 가 보았습니다. 어두컴컴한 실내는 불빛이 현란하고 소리가 요란해서 정신이 없었습니다.

주변을 두리번거리고 있는데 갑자기 저쪽 입구에서 광목을 손에 든 사람들이 몰려왔습니다. 조금 있다가는 경찰이 들이닥쳤습니다. 경찰은 나이트클럽 입구에서 나오는 사람은 무조건 모두 잡아갔습니다. 거기서 소리를 질러 봐야 아무도 쳐다보지 않았고 괜히 발길질만 한 번 더 당할 뿐이었습니다.

저도 굴비 묶이듯 그렇게 묶여서 종로경찰서로 끌려갔습니다. 제가 볼 때는 광목을 가지고 들이닥친 사람들이 더 의심스러웠습니다. 그리고 바로 경찰이 들어왔는데, 이것이 깍두기파와 양재기파(가명)의 세력다툼이었습니다.

조서라는 것이 너무 사람이 많아서 대충대충 만들어졌습니다. 저는 제가 끌려온 자초지종을 설명하려고 했는데, 경관이 말을 막고 물었습니다.

"너는 어디야!"

"저는 김동만을 찾으러 온 사람이고, 이곳은 처음입니다"

그랬더니 조서를 만들던 경찰이 내 뺨을 후려치면서 호통을 쳤습니다.

"야! 이 새끼야! 바른 대로 말해! 나 바빠. 그러니까 김동만이 깍두기파잖아. 그러니까 너도 깍두기파다. 그거지?"

저는 얼떨결에 깍두기파가 되어 버렸습니다. 그리고 유치장에 들어갔습니다. 유치장에서 검찰로 넘어가기 전 3일은 힘 있고 돈 있는 사람이 다 빠져나가는 시간입니다. 조폭들, 춤추던 사람들은 이리저리 연락을 해서 한 사람씩 빠져나가기 시작했습니다. 그러나 저는 당시에 연락할 곳도 없고 해서 가만히 있을 수밖에 없었습니다.

그 시절은 전두환 대통령이 집권하던 시기였는데 나중에 들은 이야기이지만 그중에 문신을 하고, 머리가 길고, 완전 조폭으로 보이는 사람들은 모두 헌병이 데려갔다고 했습니다. 그래도 저는 불행 중 다행이었습니다.

유치장에서 3일을 지내고 저는 서대문 구치소로 넘겨졌습니다. 서대문 구치소는 당시 민주화 운동을 하다가 붙잡혀 온 학생들로 시끄러웠습니다.

"전두환은 물러가라!"

독방에 갇힌 대학생들은 이런 구호를 밤낮으로 외쳐댔습니다.

"그 학생들은 너희 새끼들하고는 달라!"

간수들은 우리(조폭)에게 이렇게 말하면서 철장으로 밀어 넣었습니다. 저는 한 달 넘게 서대문 구치소에 수감되어 있었습니다. 다행히 검찰의 재조사 끝에 저는 '기소유예'로 풀려났습니다. 그러나 이것이 폭력전과가 되어 별 하나를 달게 되었습니다. 그것도 조직폭력배로 말입니다.

저는 운동이나 특히 격투기 같은 것은 못합니다. 보통 사람은 공부를 못하면 운동을 잘하거나, 운동을 못하면 음악을 잘하거나 무엇인가 한 가지는 잘하는 것이 있는데, 저는 공부도 못하고 운동도 못하고 음악도 못했습니다. 조금 잘하던 것이 있다면 무식하게 그저 달리는 것이었습니다.

수정이 어머니의 유언

어느 날 수정이 어머니는 저에게 유언을 하셨습니다.

"우리 아들을 만나서 예수님 이야기를 해 줘요! 그리고 수정이를 부탁해요."

"예! 그렇게 하겠습니다."

그리고 어머니는 며칠 후에 돌아가셨습니다. 이때 저는 벽제 화장터에 처음 가 보았습니다. 남루한 차림을 한 고모부와 주인아주머니, 수정이, 오빠 김동만과 저 이렇게 다섯 명이 화장터로 갔습니다. 옛날 벽제 화장터는 시신을 넣으면 틈새로 빨간 불이 보였습니다. 이것을 본 유가족들은 거의 실신하다시피 했습니다.

아주머니와 고모부, 오빠 김동만은 무덤덤한 것 같았습니다. 어린 수정이만 발을 동동 구르면서 얼굴이 붉게 붓도록 울었습니다. 저는 그 아이를 껴안고 덩달아 울었습니다.

다시 일을 찾아서

수정이 오빠는 서대문 구치소까지 다녀온 제 이야기를 듣고는 약간 달라졌습니다. 저는 시간만 있으면 수정이 오빠에게 전도했습니다. 수정이 어머니가 돌아가시면서 수정이는 오빠와 둘이 지냈습니다. 그렇게 1년이 넘는 시간을 보냈습니다. 저는 피아노학원을 다닌 지 3개월 만에 그만두었습니다. 동대문 극장에 가야 했기 때문입니다.

이제 다시 돈을 벌어야 할 필요를 느꼈습니다. 청량리 길거리를 다니다가 전봇대에 붙어 있는 구인 광고를 보았습니다. 그곳은 중랑구에 있는 작은 간판업체였는데 저는 그곳에서 일을 하게 되었습니다. 당시 간판은 아크릴로 제작했습니다. 편편한 아크릴을 적당히 불로 데운 다음, 모양이 있는 금형 프레스를 눌러 우묵 파인 모양을 만

가슴 뛰는 스마트 선교사

들었습니다. 그러나 적당히 온도를 맞추는 일은 쉽지 않았습니다. 너무 불을 많이 가하면 구멍이 나고, 너무 불을 덜 가하면 쉽게 깨졌습니다.

겨울에 이 작업을 할 때는 거의 밖에서 했는데 너무 추웠습니다. 낮에는 주로 광고판을 설치하러 다녔기 때문에 주로 저녁에 이 일을 했습니다. 무척 춥고 피곤했습니다. 광고판 설치는 청량리 일대까지 가서 작업을 했는데, 당시에는 사다리차가 없었기 때문에 건물 옥상에 올라가 밧줄을 타고 내려가 간판을 설치했습니다. 상당히 위험하고 힘든 일이었습니다.

기억에 남는 작업 중 하나는 지금은 없어졌지만 원진레이온이라는 회사 공장 굴뚝에 올라가 피뢰침을 설치하는 일이었습니다. 굴뚝이 5층 높이 정도는 되었습니다. 굵은 전선을 어깨에 메고 올라가 피뢰침을 설치하고 전선을 연결해서 아래로 내려 보내야 했는데, 꼭대기에 올라가 하늘을 보고 구름을 보면 굴뚝이 왔다 갔다 하며 흔들리는 것 같았습니다. 이 일은 몇 달밖에 하지 않았습니다.

새로운 일터

경춘선 열차로 출퇴근하는 중에 알게 된 김상현이라는 형이 저를 눈여겨보았나 봅니다. 형은 자신이 다니는 회사에서 잔심부름을 하면서 기술을 배울 사람을 찾고 있는데 저에게 한 번 와서 일을 해 보는 것이 어떻겠느냐고 했습니다.

그래서 저는 그 형을 따라 한성전자라는 회사에 취직을 했습니다. 한성전자는 방위산업체와도 연관이 있었고, 국가의 몇 개 부처와도 관계있는 일을 했습니다. 저는 그곳에서 전기선을 치우고 잔심부름을 하면서 지냈습니다. 그런데 여기는 전자공장이 아니라 일종의 연구기관이어서 박사와 석사 과정을 마친 분들이 대부분이었습니다.

이곳 소장님 중에는 우리나라에 처음 트랜지스터를 들여와 앰프를 만드신 분이 있었습니다. 형들을 통해서 전해들은 이야기로는 이 소장님이 한국 최초로 대통령을 모시고 한강 백사장에서 앰프로 마이크 시연을 하기 위해 몇 번의 테스트를 거쳐 완벽하게 장치해 놓았는데 이상하게 기계가 작동을 하지 않아서 결국 경찰서로 끌려가 한참 문책을 당하고 고생한 적이 있다고 했습니다.

당시 한성전자는 국방부 신무기 개발 프로젝트에 참여하고 있었습니다. 연구원들은 두꺼운 영문 매뉴얼과 일본 서적들을 뒤적거렸습니다. 또한 청계천을 누비며 적합한 부품을 찾아오고, 회로와 기판을 만들어 시험하는 등 바쁘게 일했습니다.

이곳 사람들은 전에 다니던 봉재 공장이나 간판집 사람들과는 달랐습니다. 저에게 심부름을 시키고, 일을 시키면서도 늘 기분 좋게 대해 주었습니다. 늘 어깨를 두들겨 주고 격려해 주며 저를 위로해 주었습니다. 제가 사회에 나온 후에 처음으로 사람의 온정을 느껴보았습니다.

그리고 점심시간이 되면 한쪽에서는 바둑을 두고, 다른 한쪽에서는 형들이 저에게 이것저것을 가르쳐 주었습니다. 저는 형들에게 수학과 전자의 기초를 배웠습니다. 전자의 기초인 옴의 법칙(전기 흐름의 방해하는 작용을 전기 저항이라 하며, 저항이 클수록 전류는 적게 흐른다. 독일의 옴은 전압과 전류와 저항의 관계를 정리하여 옴의 법칙을 만들었다.)을 비롯하여 전기의 원리와 기초를 익혔습니다.

그러면서 형들은 저에게 쉬운 일부터 하나하나 맡겼습니다. 저는 알려 준 대로, 시키는 대로 잘 따라했습니다. 그때는 눈썰미가 좋아 한 번 보면 복잡한 회로도 기억해서 모두 따라했고, 배선도 했습니다. 그 시절은 진공관에서 트랜지스터로 넘어가던 때였습니다. 저는 트랜지스터의 두 가지 종류인 PNP와 NPN의 전기 흐름과 저항 보는 법, 콘덴서의 역할 등 기초에 해당하는 것을 익히고 배워 나가기 시작했습니다.

그리고 점차 조금 어려운 일들도 제게 맡겨졌고, 저는 그 일을 성실하게 해냈습니다. 많은 시간을 회사에서 보냈고, 밤을 새우기도 했습니다.

그러나 봉재 공장이나 간판집처럼 억지로 하는 일이 아니라 내가 좋아서 하는 일이었습니다. 너무 열심히 배우고 일을 하니까 형들은 늘 저만 보면 이렇게 말했습니다.

"가서 좀 쉬어라!"

가끔은 좀 복잡하지만 단순 배선을 하는 일이 있었습니다. 이것은 똑같은 것을 여러 개 만들 때 했습니다. 다섯 개를 만들게 되면 다섯 명이 하나씩 붙들고 하는 것입니다. 다른 형들도 만들고 저도 따라서 만들었습니다. 그런데 나중에는 제가 더 빨리 끝냈습니다. 그때는 제가 손이 좀 빨랐습니다.

이 회사에 들어갈 때 월급을 8만 원 받았는데 2년 후에는 80만 원을 받았습니다. 그 당시 월급으로는 잘 번다는 어른들의 월급에 해당하는 금액이었습니다. 당시 저와 같은 일을 하면서 정상적으로 입사한 분은 저보다 배가 많은 월급을 받았습니다. 그러나 저는 처음으로 만족한 생활을 했습니다.

등대 만들기

제가 했던 것 중에 등대를 만드는 일도 있었습니다. 정확하게 말하면 등대의 불빛을 밝혀 주는 전등기구를 만드는 일이었습니다.

당시 우리나라는 삼면이 바다인 나라이면서도 등대를 만드는 일에는 전무했습니다. 우리는 미국과 일본에서 나온 책들을 뒤적거리며 이와 비슷하게 만드는 작업을 했습니다. 저는 보조로 참여했습니다.

등대지기가 거주하는 육상에 있는 등대의 불빛을 비추기 위해 큰 가마솥처럼 만든 주물의 원통 안에 전깃불을 넣고 돌렸습니다. 그러나 문제가 되는 것은 바다 속의 암초가 있는 부분에 등대를 설치하는 일이었습니다. 전등을 바다 가운데 설치하면 좋은 전구를 사용해도 곧바로 전구가 나가곤 했습니다. 이것을 보완하기 위해 전구 네 개를 미리 끼워 놓고 불이 켜져 있는 전구가 나가면 자동으로 다음 전구가 켜지도록 했습니다. 이것은 전구의 저항값을 읽어 내어 전구가 켜져 있는지 나갔는지를 감지하면 되었습니다.

또 하나는 불빛이 낮에는 자동으로 꺼지고 밤에는 자동으로 켜져야 했습니다. 이것은 빛의 밝음의 높낮이(룩스)의 값을 읽어 주는 센서가 당시에 이미 있었기 때문에 가능한 일이었습니다.

또한 그 당시에는 풍력발전기를 만들려는 시도가 있었습니다. 바람이 많이 부는 제주도에 설치했었는데, 결과적으로 실패했습니다. 우리나라는 지형상으로 풍력발전을 하기에는 적합하지 않다는 결론을 내렸습니다. 1년 365일 동안 풍력으로 발전할 수 있는 날이 얼마 되지 않았습니다. 그 일을 보조하는 일로 저는 제주도를 몇 번 다녀왔습니다. 이런 일들은 사업성이 있는 일이 아니기 때문에 대부분 국가에서 주관했습니다.

처음 시도한 A/S

한성전자에 들어온 지 1년 정도 지났을 때입니다. 저를 가르쳐 주시던 분들이 모두 독일과 미국으로 떠나셨습니다. 그러면서 이 일에 관해 아는 사람이 저 이외에는 아무도 없었습니다. 왜냐하면 회로 자체를 비밀에 부치기 위해서 아무도 보지 못하게 포마이카(Formica)를 부어서 완전히 덮어 버렸기 때문입니다. 그래서 속이 어떻게 생겼는지 아는 사람이 없었습니다. 누군가는 A/S를 해야 했지만, 할 수 있는 사람이 아무도 없었습니다.

한번은 군대에 비상이 걸려서 하는 수없이 제가 그것을 고치러 출장을 갔습니다. 그런데 그곳 관계자분이 화를 내며 따졌습니다.

"기술자를 보내야지 애를 보내면 어떻게 합니까?"

"이왕 갔으니까 한번 맡겨 보시지요?"

다행히 저는 그 일을 잘 해결하고 돌아왔습니다. 그리고 그때부터 자주 A/S를 다니게 되었습니다.

군무기와 관련된 제품이다 보니 지금도 여기서 말 못할 일들이 참 많이 있었습니다. 그리고 비상사태도 많이 있었습니다. 한번은 제가 강원도 강릉으로 가는 중이었습니다. 고속버스를 타고 가는데 헌병이 중간에서 버스를 세우고 저를 찾더니 대기하고 있던 헬리콥터에 태웠습니다. 그러고는 저에게 A/S를 하러 가야 한다고 했습니다. 아주 흥미진진한 일이었습니다.

그러나 늘 이런 시간들이 좋았던 것만은 아니었습니다. 제가 이것을 고치지 못하면 심각한 상황이 올 수 있다는 것은 늘 제게 부담이었습니다.

그 당시 회사에서는 저를 무척이나 신뢰하고 있었습니다.

"이영제는 어떻게 하든 일을 해결하고 온다."

나중에 제가 컴퓨터선교회를 한 뒤에도 이와 비슷한 일이 있었습니다. 누가 말해 주지도 않았는데, 함께 일하던 전도사님과 우리 집사람이 저에 대해 같은 말을 하는 것을 보고 깜짝 놀랐습니다. 저는 늘 그 믿음대로 일이 해결되는 은혜를 입었습니다.

한성전자를 다니면서 처음으로 여유로운 생활을 했습니다. 시간 적으로도 자유로웠습니다. 회사에서는 저를 자유롭게 내버려 두었습 니다. 한마디로 제가 가서 일하고 싶을 때 일하고, 퇴근하고 싶을 때 퇴근하고, 또 가끔 A/S를 한 번 다녀오고 2-3일씩 놀기도 했습니다.

음악 듣기

이때쯤 저에게 취미가 하나 생겼습니다. 그것은 바로 음악 듣기였 습니다. 저는 집에 전축 시설을 만들어 제 방을 온통 전기장치로 꾸며 버렸습니다. 구서풍은 우리 집에 올 때마다 제 방을 보고 부러워했습 니다. 그리고 이것저것 챙겨 가기도 했습니다.

앰프를 만들 때는 프리 앰프와 메인 앰프에 신경을 써야 합니다. 또한 콘덴서의 역할도 중요합니다. 현재는 반도체 기술이 많이 발전 해서 회로 부분은 모두 감당이 되지만, 음의 충전과 방전은 반도체의 기술만으로는 할 수 없습니다. 그런 면에서 현재 디지털 음원은 여러 가지로 많은 제한이 있습니다.

소리에 있어서 또 하나의 결정적인 문제는 스피커입니다. 소리는 결국 스피커를 통해서 전달되기 때문입니다. 좀 더 구체적으로 말하 면 스피커 통이 중요합니다. 좋은 스피커 통은 통나무를 완전히 파내 어 만들고, 이 통이 울리는 효과까지 음에 사용합니다.

또 다른 문제는 소리가 흐르는 방 안의 방음장치입니다.

이처럼 소리에 민감해지고 신경을 쓰는 것은 끝이 없습니다. 좋은 소리가 있듯이 좋은 음악은 있습니다. 이 좋은 소리를 발견하기 위해 계속 다양한 클래식을 듣는 것입니다.

저는 당시 클래식 음반을 모조리 샀습니다. 베토벤을 비롯해 모차르트, 하이든, 헨델, 브람스, 말러 등 당시 나온 클래식 전축 판은 거의 다 구입했습니다.

그리고 전축 판 뒤에 음악과 음악가에 관한 설명이 짧게 기록되어 있었는데, 저는 이것을 즐겨 보았습니다. 저는 음악에 소질은 없었지만, 음악 듣는 것을 좋아했습니다. 그중 제일 좋아하는 것은 비발디의 "사계" 중 '봄 1악장 알레그로'와 조르주 비제가 작곡한 4막의 오페라 코미크의 "카르멘"(Carmen)입니다.

비발디의 봄은 잔잔하면서도 겨울에 눈을 뜨고 피어 나오는 자연의 숨소리가 들리는 듯했습니다. 카르멘은 가슴을 뜨겁게 만들고 박진감을 주며 영혼에 힘을 불어넣어 주었습니다.

대성리 나룻배와 수정이를 보내며

저에게 취미가 하나 더 있었는데, 그것은 북한강이 흘러오는 대성리에서 나룻배를 타는 것입니다. 대성리 강가에 가면 배가 있습니다. 그 배의 주인아저씨는 저를 잘 알고 있습니다. 제가 가끔 그곳에 가기 때문입니다. 저는 그곳에서 나룻배를 빌려 강물에 띄워 놓고 노 젓는 것을 좋아했습니다.

배를 강 가운데에 띄워 놓고 한참을 누워 있다 보면, 배는 계속해

가슴 뛰는 스마트 선교사

서 떠내려갔습니다. 그러면 저는 다시 노를 저어 올라오곤 했습니다. 지금까지 저와 이 배를 함께 탔던 사람은 모두 세 사람입니다. 저를 처음 교회로 인도했던 조현주 누나와 수정이 그리고 제 아내입니다. 다른 여자와 배를 탔다는 것은 제 아내에게는 비밀로 해 주셔야 합니다.

저는 동대문 극장에 자주 갔는데 경제적으로 여유가 생기면서 수정이를 우리 집으로 데려와야겠다고 생각했습니다. 수정이가 극장에서 장사를 계속 하는 것도 마음이 아팠고, 서울에 살고 있는 오빠도 수정이를 제대로 돌보지 못하는 것 같았습니다. 그리고 수정이가 학교도 가야 할 것 같았습니다. 저는 수정이의 이야기를 어머니께 말씀드렸더니 어머니는 흔쾌히 허락하셨습니다.

저는 지금도 어머니에 대해서 이해가 되지 않는 것이 하나있는데, 어머니는 우리 가족보다 다른 사람을 더 보살피고 돌보아 주셨다는 것입니다. 그래서 온 동네 사람은 우리 가족을 좋아했습니다. 제가 추측해 보건대 어머니가 그렇게 하신 이유는 아마 아버지가 다리를 저셨기 때문에 없이 살면서도 자존심을 지키려고 다른 사람에게 잘하신 것이 아닌가 하는 생각이 듭니다.

한글을 모르는 어머니는 제가 교회에 다니는 것을 반대하셨고 자신도 교회에 나가지 않으셨습니다. 왜냐하면 교회에서 사람들에게 바보처럼 보이기 싫으셨기 때문입니다.

수정이를 우리 집으로 데려오기로 어머니께 허락을 받고 저는 기뿐 마음으로 동대문 극장에 갔습니다. 그날따라 수정이가 어깨에 멘 끈이 너무나 무거워 보였습니다.

"수정아, 이제 그만 우리 집으로 가서 살자."

이렇게 이야기하려고 갔습니다. 저는 수정이를 학교에 다니게 하고, 교회도 데려 가고 싶었습니다.

동대문 극장에 가면 저는 늘 가운데 통로 가운데쯤 앉아 있었습니다. 제가 갈 때면 수정이는 무척 좋아했습니다. 언제나 그랬던 것처럼 저를 본 수정이는 저쪽에서 기뻐하며 뛰어왔습니다. 그런데 뛰어오다 넘어져 그만 어깨에 메고 있던 끈이 빠지면서 오징어, 땅콩, 과자 등이 통로에 떨어졌습니다. 그리고 수정이 입에서는 피가 나왔습니다. 저는 수정이를 데리고 바로 이대동대문병원으로 달려갔습니다. 수정이의 입에서 피가 터진 것 같아 간단하게 치료하면 될 것이라고 생각했는데 의사 선생님은 정밀검사를 해 봐야겠다고 하셨습니다. 그리고 며칠 뒤에 검사결과를 확인하러 병원에 갔습니다.

"수정이와는 어떤 관계입니까?"

의사 선생님이 저에게 물어보셨습니다.

"저는 수정이 오빠 김동만이라고 합니다."

저는 처음부터 혹 문제가 있을까 싶어 제가 수정이의 친오빠라고 거짓말을 했습니다. 그리고 부모님이 안 계시다고 설명을 드리고 저 혼자 수정이의 검진결과를 들었습니다.

"수정이의 병명은 급성 골수성 백혈병(acute myeloid leukemia) 3기

가슴 뛰는 스마트 선교사

로 혈액 내 적혈구의 수가 너무 감소해서 빈혈로 진행한 상태입니다."

저는 의사 선생님의 말이 믿어지지 않았고, 머릿속이 하얗게 되었습니다. 하늘이 무너지고 가슴이 아팠습니다. 무슨 말인지 이해하기도 전에 의사 선생님은 계속 말씀하셨습니다.

"치료받지 않을 경우 수개월 내에 사망할 수도 있습니다."

저는 말문이 막히고 손발이 얼어붙는 것 같았습니다.

수정이의 병은 지금은 모르겠지만, 당시에는 별다른 치료방법이 없었습니다. 그 이후 수정이와 함께 기도원을 다녔습니다. 저는 수정이를 위해 많이 울면서 정말 진심으로 기도했습니다.

그리고 대성리 강가에서 수정이에게 배를 태워 주었습니다. 잔잔히 흐르는 물결에 손을 내밀어 만져보기도 하고, 노를 저어 강을 건너기도 하고, 숲이 우거진 곳으로 가보기도 하고, 이리저리 배를 몰고 놀았습니다. 제가 어렸을 때 타고 놀았던 대원군 묘의 소도 함께 타고 놀았습니다. 잔디밭에 앉아서 성경도 읽어 주었습니다.

수정이는 5개월 후에 서울백병원에서 숨을 거두었습니다. 저는 벽제화장터를 또 갔습니다. 수정이 어머니가 돌아가셨을 때는 수정이와 제가 엄청 울었는데, 수정이가 죽었을 때는 저 혼자 펑펑 울었습니다.

당시 벽제화장터에서는 시신을 불로 다 태우고 나면 유골을 가져다 절구로 빻아 주는 사람이 있었습니다. 그런데 수정이의 뼛조각을 절구로 빻는 사람은 뭐가 불만인지 제대로 하지 않고 있었습니다. 제가 돈을 좀 주니까 그제야 수정이 유해의 뼛조각을 잘 빻아 주었습니다. 어린아이의 유골 뼛가루는 정말 한 줌도 안 되었습니다. 저는 누런 서류 봉투 한 장에 뼛가루를 넣었습니다.

저는 수정이 친오빠 김동만에게 수정이의 유해를 내가 가져가겠다고 하고 기차를 타고 대성리로 갔습니다. 수정이의 유해 가루가 들어 있는 누런 서류봉투 한 장을 가지고 말입니다.

차창 밖으로 길가의 나무들이 스쳐 지나가고 구름도 흘러갔습니다. 차창 밖 풍경들이 정지된 영상처럼 낯설게 느껴졌습니다. 마석 장터로 향하던 소가 지나가던 그 길도 지나가고 있었습니다. 저 오른쪽 산 능선에 있는 대원군 묘도 지나가고 있었습니다. 제가 살았던 마석도 지나갔습니다.

대성리에 도착해서 수정이와 함께 배를 타고 놀았던 그 북한강에 수정이의 하얀 유해 가루를 뿌려 주었습니다. 배를 타고 누워 있을 때 떠내려간 나룻배처럼, 수정이의 하얀 유해 가루는 물결에 밀려 떠내려갔습니다. 저는 이제 더 이상 아픔도 슬픔도 없는 하늘나라에서 수정이가 평안히 살기를 바랐습니다.

감당할 수 없는 나의 마음

저는 수정이의 죽음이 믿어지지 않았습니다. 도저히 감당할 수 없었습니다. 결국 수정이의 죽음에 대한 원망이 하나님께로 향했습니다. 저는 기도를 간절히 한 적이 두 번 있는데, 수정이 어머니가 아프셨을 때와 수정이가 아팠을 때입니다.

그런데 결과적으로 아무런 기도의 응답도 받지 못했습니다. 수정이에게는 천국이 있다고 해 놓고서는, 정작 제 자신은 하나님의 존재를 의심하기 시작했습니다. 그리고 이제 저는 더이상 무서운 것도 없고, 눈에 보이는 것도 없었습니다.

내가 왜 하나님을 믿는지, 하나님이 계시기나 하신 것인지, 만약 하나님이 계신다면 왜 내 기도에 응답하지 않으시는지 도무지 하나도 이해되지 않고 정리가 안 되었습니다.

마치 하박국 선지자가 하나님께 따져 묻듯 저는 울부짖었습니다.

"어찌하여 불의한 자들은 세상에서 판을 치는데 이렇게 가난하고 불쌍한 이들을 거두어 가십니까?"

저는 도저히 하나님의 뜻을 이해할 수 없었습니다. 교회 목사님과 사모님, 성도님들은 제가 그동안 교회생활도 열심히 하고, 기도도 열심히 했기 때문에 제 신앙이 깊다고 생각하셨던 것 같습니다. 그러나 정작 제 자신은 하나님의 존재를 의심하기 시작했습니다.

사실 대성리 강가에서 수정이의 유해 가루를 뿌리면서 저 또한 강물로 뛰어들려고 몇 번을 생각했는지 모릅니다. 그러나 그렇게 하지 않은 것은 한 가지 하나님께 확인하고 싶은 것이 있어서였습니다.

저는 하나님께 마지막 승부수를 던지기로 했습니다. 만일 하나님이 살아 계신다면 반드시 나타나셔야 한다고 생각했습니다. 그렇지 않으면 저는 죽기로 작정했습니다.

그 승부는 10일간을 금식하며 기도하는 것으로 정했습니다. 그리고 바로 수정이의 유해를 뿌린 북한강을 옆으로 하고, 수정이와 다녔던 그 유명한 한국산 기도원(가명)으로 올라갔습니다.

당시 한국산 기도원에는 많은 사람이 모였습니다. 시설은 본 성전 하나였고, 화장실도 제대로 있지 않았습니다. 하지만 전나무, 소나무 숲은 제 기도 처소였습니다.

무더운 여름날 장마철이 되자 굵은 장대비가 쏟아졌습니다. 사람들은 기도원에 가득 찼습니다. 너무 많아서 성전에 다 들어가지 못했습니다. 혹시 조금이라도 은혜를 받을까 하여 창문을 열고 머리를 디밀어 설교 말씀을 듣고 기도했습니다. 밤에는 전나무 숲으로 돌아가 밤새도록 부르짖었습니다.

당시 원장님이셨던 이천사(가명) 목사님은 여기 기도원에 올라오면 다 방언 받고 하나님의 은혜를 체험하고 내려간다고 하셨습니다. 방금 술 먹고 온 사람도 방언 받고, 심지어는 개도 방언 받고 간다는 말까지 나올 정도였습니다. 저는 방언도 좋고 뭐든 좋으니까, 어찌하든 하나님의 실체를 확인할 수 있게 해 달라고 기도했습니다.

이렇게 간절히 기도했지만, 제가 정한 10일간의 금식은 끝나가고 있었습니다. 금식을 하면 육신이 허약해져서 헛것이라도 보이기를 마음속 깊은 곳에서는 갈망하고 있었습니다. 그러나 갈망하면 갈망할수록 저는 정신이 멀쩡했고 아무것도 보이지 않았습니다. 누구나 흔하게 한다는 방언조차 받지 못했습니다.

제가 띄운 마지막 승부수에 하나님은 아무 관심도 없으신 것 같았습니다.

저는 10일 금식을 다 마치고 한국산 기도원을 내려왔습니다. 기도원에서 내려오는 길에 사람들은 '할렐루야'를 외치며 기쁨이 충만해져 있었는데, 저는 고개를 푹 숙인 채 한숨만 푹 내쉬었습니다.

그리고 저는 두 가지 결론을 내렸습니다.

첫째, 하나님은 살아 계시지 않는다.

둘째, 하나님이 살아 계신다면 나를 버리셨다.

이 둘 중의 어느 하나라도 저는 더 이상 이 세상에 살고 싶지 않다는 결론을 내렸습니다.

기도원에서 내려와 북한강을 바라보며 마석까지 온 저는 경춘선 철길로 올라갔습니다. 그리고 그 철로를 베개 삼아 누워서 잠을 잤습니다. 당시 경춘선은 단선으로 밤에 화물열차도 많이 다녔습니다. 저는 지치고 피곤했기 때문에 금방 잠이 들었습니다.

저는 여기서 제 삶의 마침표를 찍으려 했습니다. 그런데 죽는 것도 제 마음대로 되지 않았습니다. 하나님이 도대체 나보고 어떡하라는 것인지 몰랐습니다.

그러나 이미 하나님을 믿고 있었던 것을 부정할 수는 없었습니다. 물고기가 자신이 물에 살고 있다는 것을 알지 못하는 것처럼 저도 제가 알지 못했을 뿐입니다. 참새가 하찮은 돈으로 팔리는 것도 하나님이 허락하셔야 하는데, 하물며 사람의 생명이 마음대로 되겠습니까?

철로를 베개 삼아 잠들었던 저는 새벽에 깨어났지만 목숨이 붙어 있다는 것이 싫었습니다. 얼어붙은 몸을 웅크리고 터덜터덜 교회로 향했습니다. 하나님과의 싸움에서 진 것입니다. 10일 금식으로 몰골은 쇠해 있었고, 머리와 몸은 씻지 않아 거의 야인 같았습니다.

나에 대한 세 가지 이미지

동네 사람들은 저에 대한 세 가지 이미지를 갖고 있었습니다.

첫째, '전기를 잘 만지고 뭐든지 다 고친다.'는 것이었습니다. 저는 어려서부터 무엇을 만들고 고치는 일을 좋아했습니다. 한성전자에 다닐 때는 우리 동네 가전제품이 고장 나면 제가 고치러 다녔습니다. 오래된 텔레비전은 전파가 잘 안 잡히든지, 색상이 바란 색으로 나오든지 한두 가지색이 잘 나오지 않았습니다. 보통은 뜯어서 청소만 잘해도 50% 정도는 고쳐졌습니다. 색상은 가변저항이 있어서 이런 부품들이 오래되면 좀 느슨해지는 현상들이 나타납니다. 저는 텔레비전뿐만 아니라 냉장고 등도 고쳤습니다.

둘째, '그림을 잘 그린다.'는 것이었습니다. 당시에는 그림 그리는 것이 제 취미였습니다. 그냥 취미 삼아 그리는 것이었기 때문에 잘 그리지는 못했습니다. 보통 유화를 많이 그렸습니다. 저는 모든 선물을 제가 그린 그림으로 주었습니다. 그래서 제가 그린 그림은 집에 하나도 남아 있지 않았습니다. 유화는 덧칠을 많이 하기 때문에 그림을 잘 못 그리는 사람도 사실상 하기 좋았습니다. 사실 진짜 그리기 어려운 것은 수채화였습니다. 한번 붓을 대면 그것으로 마쳐야 했기 때문입

가슴 뛰는 스마트 선교사

니다. 우리 인생도 어떤 때는 유화 같고, 어떤 때는 수채화 같습니다.

셋째, '교회에 열심히 다닌다.'는 것이었습니다. 사람들은 제가 교회에 너무 열심히 다닐 뿐만 아니라 급기야 교회에 미쳤다고 생각했습니다. 저는 철길에서 내려와서 교회에 찾아가 잠시 앉아 있었습니다. 아직 새벽예배를 드리기 전이었습니다.

정신병자로

밖이 소란스러워 나가 봤더니 아직 어두워서 사람들은 횟불을 들고 서 있었습니다. 희미하게 보이긴 했지만 구서풍이 청년들과 함께 오고 있었습니다. 제가 미쳤다고 생각하여 저를 잡으려고 온 것입니다. 저는 구서풍에게 어떻게 네가 배신을 할 수 있느냐면서 돌을 들어 치려고 했습니다. 그러나 제가 너무 큰 돌을 집어 들었나 봅니다. 사람들은 미친놈이 힘도 세다고 하면서 저에게 달려들어 저를 붙잡았습니다.

저는 꼼짝없이 붙잡혀서 힘센 청년들 틈에 끼어서 청량리정신병원으로 끌려갔습니다. 그리고 정밀진단을 받았는데 무슨 일인지 저를 내보내지 않고 병원에 입원시켰습니다. 저는 몇 번 "나는 미치지 않았다."라고 큰 소리로 떠들고 소란을 부리기도 했지만, 그러면 그럴수록 저만 괴로웠습니다.

정신병원에는 환자들을 힘으로 제압하는 사람들이 있었습니다. 또한 붙들어 매어 두기 좋게 팔 길이가 긴 옷을 입혀 침대에 십자로 묶어 놓기도 했습니다. 아니면 힘을 빼는 주사를 놓기도 했습니다. 저는 서너 번 이 일을 겪었습니다. 멀쩡한 사람이 들어가서 정신병자가 되는 것은 시간문제였습니다.

이렇게 일주일이 지나고 나니 이제 정신병원 생활도 익숙해졌습니다. 사람이 무엇에 길들여져 간다는 것은 때로는 무서운 것입니다. 병원에 온 어떤 분은 퇴비를 많이 해서 들어왔습니다.

"마누라하고 이장 놈하고 짜고 나를 여기에 보냈다."

그분은 이렇게 말하면서 난동을 피웠습니다. 제가 처음 들어왔을 때처럼 말입니다.

당시에는 새마을 운동의 일환으로 농촌에 퇴비증산운동이 있었는데, 농사를 짓는 집은 세로 높이를 자로 재면서 퇴비를 모으던 때였습니다.

병원에 입원한 지 2주째가 되었습니다. 저는 이대로 가만히 있다가는 큰일 나겠다 싶었습니다. 일단 이 병원을 나가야겠다고 생각했습니다.

처음 일주일은 가족 면회도 되지 않았습니다. 일주일 후 어머니가 병원에 면회를 오셨습니다. 저는 어머니께 협박했습니다.

"어머니! 저를 여기서 안 빼내 주시면 벽에다 머리를 박고 죽겠습니다."

어머니는 다음날 화도교회 사모님, 집사님 한 분, 구서풍과 함께 다시 병원에 오셨습니다.

2장 하나님을 뜨겁게 만나다

SMARTMISSIONARY

정신병원에서 수도원으로

화도교회 사모님, 집사님과 친구 구서풍은 저를 철원에 있는 대한 수도원으로 데려갔습니다.

그날 저녁 대한수도원에서는 전국목회자수련회가 있었습니다. 이곳은 목회자와 사모님만 참석할 수 있었습니다. 화도교회 사모님은 저를 이곳에 데리고 들어가려고 했습니다. 그러자 입구에 서 있던 안내원이 제 앞을 가로막았습니다. 사모님은 그 안내원에게 손을 들어 동그라미를 그리면서 제가 아프다는 신호를 보냈습니다. 그랬더니 그 안내원은 저를 들여보내 주었습니다.

기도원 성전에는 약 300여 명의 목사님들이 모여 있었습니다. 사모님들도 거의 찾아보기 어려웠습니다. 나이 어린 평신도는 저 하나뿐이었습니다.

그 당시 목회자의 집회는 통회와 간구였습니다. 얼마나 우시는지, 얼마나 뜨겁게 간구하시는지, 주님이 도저히 외면하기 어려울 정도였습니다. 저는 그 한 가운데 있었습니다.

마치 그 모든 목사님의 간구가 저를 향한 듯 성령은 가운데 앉아 있는 저에게도 떨어졌습니다. 저는 그날 밤 사울(바울)이 다메섹으로 올라가는 길에 만났다는 그분을 만났습니다. 잠깐 울면서 기도한 것 같은데 3일이 지났다고 했습니다. 저는 밤낮으로 감사와 기쁨의 눈물을 흘렸습니다. 저는 사람의 몸속에 그렇게 많은 물이 들어 있다는 사실을 그때 처음 알았습니다. 그렇게 한 달을 그 기도원에서 지냈습니다.

물론 지금 저는 하나님의 말씀만 있으면 충분하지만, 당시 저는 하나님의 임재를 간절히 확인하기를 원했습니다. 저는 지금도 그때의 일을 잊을 수 없습니다. 언제나 바로 어제의 일처럼 또렷합니다. '무슨 체험을 했느냐'는 그렇게 중요한 것 같지 않습니다. 분명한 것은 그때 하나님을 만났다는 것입니다.

그런데 저는 지금까지 그때의 체험을 다른 사람에게 한 번도 말한 적이 없습니다. 아마 앞으로도 하지 않을 것입니다. 왜냐하면 저에게 주신 하나님의 선물이기 때문입니다.

저는 바울이 그랬던 것처럼, 내 삶의 모든 것을 주님께 드리기로 헌신했습니다. 체험은 삶으로 증명되지 않으면, 아무 의미가 없다는 것을 그날 동시에 깨달았습니다.

가슴 뛰는 스마트 선교사

그때 저에게 나타나셨던 주님이 저에게만 특별히 나타나신 것은 아니었습니다. 분명한 것은 저는 그 당시에 매우 갈급했고, 더 이상 물러설 곳이 없었다는 점이었습니다. 오직 주님만을 찾고 있었습니다. 다른 생각은 아무것도 없었습니다. 무엇을 해 달라고 요구하지도 않았습니다.

제가 한 기도가 잘못되었는지는 모르지만, 그때부터 지금까지 저는 무엇을 달라고 기도한 적이 없습니다. 그것은 제가 주님을 기억할 때 너무 염치없는 일인 것 같았습니다. 그래서 지금도 잘하지 못합니다. 무엇을 해 달라고 요구하지는 않지만, 무엇을 하고 싶다고는 기도합니다. 지금도 마찬가지입니다. 그리고 하나님은 제 기도에 모두 응답하셨습니다. 오늘 제 모습이 어떠하든지 바로 그것이 주님께서 응답하신 결과입니다.

할렐루야! 전도

저는 '할렐루야'를 부르면서 그 기도원에서 내려왔습니다. 이제는 더 이상 동대문 극장에 갈 일은 없어졌습니다. 수정이의 일은 마음속에 묻어 두기로 했습니다. 주님이 제게 충분히 견딜 수 있을 만큼 위로와 은혜를 주셨습니다. 하지만 지금도 제 마음 한 구석에는 지워지지 않는 상처가 남아 있습니다.

그때부터 저는 한성전자에 다니면서 서울에서 부흥회를 하는 교회를 찾아다녔습니다. 당시의 부흥회는 일주일 동안 했는데, 보통 매일 철야를 했습니다. 저는 집으로 퇴근하는 것이 아니라 부흥회를 하는 교회로 퇴근을 했습니다.

부흥회를 하는 교회는 포스터를 전봇대나 벽에 붙여 놓았기 때문에 저는 그것을 보고 부흥회를 찾아 다녔습니다. 어떤 때는 부흥 강사님을 따라 교회를 옮기기도 했습니다. 그러다 보니 당시에 유명하신 부흥 강사님의 설교와 이야기는 외울 정도였습니다. 저는 이런 생활을 6개월 넘게 했습니다.

어쩌다 집에 한번 갈 때는 1호선 전철을 타고 가면서 전도했습니다. 제가 받은 은혜가 너무 커서 부끄러운 것도 모르고 전도했습니다. 당시 춘천으로 가는 열차 출발역이 청량리에서 성북역으로 옮겨졌습니다. 지하철 가운데 홈이 있는 역이 청량리역과 서울역이었습니다. 신설동역은 가운데 홈이 없지만, 건너가서 바로 갈아 탈 수 있었습니다. 시간이 여유 있을 때는 청량리나 신설동역에 내려서 다시 서울역까지 오고 가면서 전도했습니다.

동대문 극장에 갈 일은 없었지만, 가끔은 그 앞을 서성이곤 했습니다. 그러고는 서소문공원과 남산 등을 다니면서 전도했습니다. 공원에서 전도하다 보면 내 앞으로 안식교, 통일교, 여호와의 증인 등의 사람들이 전도하며 지나갔습니다.

어떤 때 저는 그 사람들의 뒤를 따라다니면서 그들의 전도지를 회수하기도 했습니다.

"이것 잘못된 것이니 도로 주세요!"

가슴 뛰는 스마트 선교사

남산에서 전도할 때, 한번은 누나로 보이는 자매가 의자에 앉아 상당히 시무룩한 표정을 하고 있었습니다. 나름대로 전도했지만, 전혀 관심이 없는 듯 보였습니다. 대개는 싫다든가, 가라든가, 수긍을 하면서 듣던가, 반응을 하는데 이 자매는 전혀 반응이 없었습니다. 저는 혼자서 한 시간 동안 이야기했습니다. 그러자 그 자매는 조금씩 말하기 시작했습니다.

사실은 조금 전에 회사 상사에게 뺨을 맞고 나왔는데, 회사에 계속 다녀야 할지 고민하고 있었다고 했습니다. 그런데 제가 하도 시끄럽게 떠드니까 그 마음이 풀어졌다고 했습니다.

가끔 우리가 착각하는 것 중의 하나가 말로 싸워서 이기면 전도할 수 있다는 생각입니다. 그러나 말로 이겼다고 해서 교회에 나오거나 예수님을 받아들이는 사람은 극히 드뭅니다. 전도는 먼저 사람과 친해져서 그 사람의 마음을 열어야 합니다. 말을 전달했다고 그대로 믿을 사람은 거의 없습니다.

오히려 말로 졌다고 생각되면 괜히 화가 나서 더 안 믿을 가능성이 있습니다. 자존심에 상처가 났다고 생각하기 때문입니다. 그래서 오히려 상대방의 말을 잘 경청하며 마치 그 사람이 이긴 것처럼 말해야 합니다.

"다음에 기회를 주신다면 한 번 더 말씀을 나누고 싶습니다."

이렇게 약속을 하고 다음에 계속 만나는 것이 좋습니다.

성경을 더 알기 원해서

저는 성경을 더 깊이 알기 원했습니다. 그래서 청량리 서점에 가서 『풀핏(Pulpit) 주석』을 구입했습니다. 당시 『풀핏 주석』은 막 나오기 시작할 때라서 전권이 나오지 않고 구약의 이사야서까지만 나왔습니다. 저는 서점에서 20권이 넘는 책을 샀습니다.

풀핏 주석을 펴고 창세기부터 읽기 시작했습니다. 그러나 내용이 너무 방대하고 복잡해서 도무지 무엇을 말하는지 이해할 수 없었습니다. 모르는 것은 모르는 대로 그냥 두고 읽었습니다.

저는 이때 결국 제가 갈 길이 따로 있다는 것을 직감하기 시작했습니다.

이제 예전과 같이 한성전자의 일도 흥미를 잃었습니다. 그 후 저는 신학교에 들어가야겠다고 생각했습니다. 집에서는 어머니께서 반대하셨습니다. 목사님께서도 그 좋은 직장을 그만두고 굳이 신학교에 갈 필요가 있냐고 하셨습니다.

제가 당시 다니던 회사가 저에게 과분한 대우를 해 주고 있었던 것은 사실이었습니다. 그래서 많은 분이 다시 들어가기 어려운 직장을 그만두게 된다는 것에 아쉬워하셨습니다. 제 자신도 다시 사회생활을 하게 된다면 이만한 직장을 얻기가 쉽지 않다는 것을 잘 알고 있었습니다. 그러나 단순히 싫증이 나서 그만두려는 것이 아니었습니다. 어머니는 한사코 반대하셨지만, 저는 결국 한성전자를 그만두고 신학교에 들어갔습니다.

가슴 뛰는 스마트 선교사

신학교 4년 동안은 기숙사 생활을 하며 새벽기도를 의무적으로 해야 했습니다. 새벽에 두 시간 정도 매일 성경공부를 했습니다. '성경을 다 깨닫자'는 표어 아래 열심히 공부했습니다.

그러나 제가 지금 깨닫고 있는 성경에 비추어 돌이켜 보면 그때 제대로 성경을 배운 것은 아니라는 생각이 듭니다. 그때 정말 바르게 성경을 배웠더라면 하는 아쉬움이 남습니다. 그래도 정신 하나만큼은 철저히 교육받았습니다.

신학교 교수님들은 질적인 면에서는 어느 대학 못지않았습니다. 그런데 성경을 배우는 시간이 부족했습니다.

저는 나중에 별도로 교수님이 나가시는 신학대학교에 가서 또 청강을 해도 되겠냐고 했더니 흔쾌히 허락하셨습니다. 그래서 저는 세 군데의 신학대학교에 가서 부분적으로 청강을 했습니다. 일반대학교도 다녔습니다. 나중에 알게 되었지만 공개 세미나나 많은 강좌는 청강이 얼마든지 가능했습니다.

이렇게 다니다 보니 당시 학교에서 저를 본 분들이 많아서 나중에는 저를 그 학교 출신으로 오해하시는 분들이 가끔 계셨습니다.

"우리 학교, 우리 교단 아니셨어요?"

지금도 선교지에 가면 가끔 목사님들 중에는 이렇게 물으시는 분들이 있습니다.

이런 배경 때문에 자연스럽게 제 신학은 짬뽕신학이 되었습니다. 서로 조금만 노력하면 얼마든지 이해할 수 있는 문제도 신학교가 다르고 교단이 다르다는 이유로 대립각을 세우면서 상대방의 말을 들어보지도 않으려는 경향을 저는 수없이 보았습니다.

그러나 한 가지 사실만은 우리가 모두 기억해야 합니다. 신학대학과 교단의 철학이 성경을 넘어설 수 없고, 예수 그리스도를 넘어설 수 없다는 것입니다.

우리가 좀 더 성경으로 돌아간다면 한국교회가 교단의 벽을 넘어 조금은 더 가까워질 수 있지 않을까 생각합니다. 우리가 교단 자랑, 학교 자랑, 교회 자랑을 하는 사이에 얼마나 많은 사람이 교회에 대한 부정적인 이미지를 갖게 되는지를 생각해 보아야 합니다.

신학교에서 공부하는 중에 저에게 특히 부족했던 것은 성경원어 능력이었습니다. 영어는 오래 전에 접었지만, 성경을 원문적으로 이해하기 위해서는 성경원어인 히브리어와 헬라어를 알아야 했습니다. 그러나 저에게는 이것이 절대적으로 부족한 상태였습니다.

그래서 히브리어는 무식한 방법을 선택해서 혼자 공부했습니다. 저는 우선 성경에서 한두 차례 정도만 언급된 단어와 인명, 지명, 고유명사와 욥기서에 나오는 단어를 제외하고 남은 약 500개의 성경원문 히브리어 단어를 문법이고 뭐고 일단 무시하고 무조건 외웠습니다. 그랬더니 완벽하게는 아니지만 80% 정도는 히브리어를 이해할 수 있었습니다.

헬라어는 저와 함께 공부하시던 목사님 중에 독일에서 탄광 노동자로 일하다가 돌아오신 분이 계셨습니다. 이분은 독일어와 헬라어

가슴 뛰는 스마트 선교사

능력이 아주 뛰어났습니다. 헬라어를 읽으면 그것이 무엇을 뜻하는지 알고 해석하실 수 있었습니다. 저는 이분에게 나중에 별도의 과외를 받아 조금 더 헬라어를 배웠습니다.

신학교에 들어가서 1년 6개월 정도는 통장에 있는 돈을 썼습니다. 그러나 통장의 잔고는 점점 바닥이 났습니다. 처음에는 상당히 걱정이 되었습니다. 급기야 30만 원이 남았고, 10만 원이 남았고, 결국은 한 푼도 남지 않았습니다.

그래서 저는 좋아하던 클래식 음반들을 모두 가져다가 청계천에 있는 중고음반가게에 30만원에 팔았습니다. 이것은 제가 구입한 가격에 비하면 헐값에 판 것입니다.

다시 돈을 벌기 위해

모아놓았던 돈이 다 떨어지고 나니 오히려 마음이 편안해졌습니다. 이때부터 다시 돈을 벌어야겠다고 생각했습니다. 그러나 제가 중학생일 때와는 돈을 벌고자 하는 목적이 달랐습니다. 또한 환경도 달랐습니다. 돈을 벌려고 생각만 하면 쉽게 일거리를 찾을 수 있었습니다. 그런데도 돈을 벌어야 하는 목적이 분명했기에 돈에 대한 지나친 욕심은 없었습니다.

그러나 언제나 그랬던 것처럼 돈을 번다는 것이 그렇게 만만한 일은 아니었습니다. 마치 아프리카 사자가 먹이를 사냥할 때 그것이 토끼일지라도 최선을 다해 쫓아가야 하는 것처럼 돈이란 쉽게 벌 수 있는 것이 아니었습니다.

저는 장사꾼의 아들이었기에 어쩔 수 없었나 봅니다. 저는 아버지가 하셨던 것처럼 평화시장에 가서 옷을 도매로 싸게 구입해서 당시 동대문, 종로5가 지하도에서 그 옷을 팔았습니다. 그러나 경찰이 단속을 나오면 빨리 챙겨서 도망을 가야 했습니다. 가끔은 깡패들이 돈을 뜯어 가기 위해 저에게 협박을 했습니다.

저는 깍두기파 전과가 있기 때문에 수정이 오빠 김동만을 비롯해 나름대로 깍두기파의 족보를 꿰고 있었습니다. 그래서 그들의 협박에 넘어가지 않고 자리를 잡을 수 있었습니다.

기아바이

저는 돈을 벌기 위해 한 가지 일을 더 했는데, 버스에서 물건을 파는 일이었습니다. 일명 '기아바이'라고도 합니다.

당시 서울 시내버스는 문이 하나였고, 버스 안내양이 있었습니다. 저는 의기양양하게 '기아바이' 사무실에서 물건을 떼다 팔아 보겠다고 버스정거장으로 나갔습니다.

중학교 때 산에서 아이스케이크를 팔아도 보고 기차에서 빵도 팔아 보아서 이런 일은 자신 있었는데, 이상하게 서울 시내버스만 보면 완전히 기가 죽었습니다. 동대문 버스정거장으로 간 저는 버스를 탈 용기가 없어서 가만히 서서 버스만 계속 보내고 있었습니다.

'이번에 오는 버스는 눈 딱 감고 무조건 탄다.'

가슴 뛰는 스마트 선교사

마음속으로 수없이 다짐했지만, 막상 버스가 도착하면 속으로 별별 생각을 하면서 버스를 타지 못했습니다.

'사람이 너무 적게 탔네. 사람이 너무 많네. 버스가 가는 방향이 안 좋네.'

저는 오전 11시부터 오후 4시까지 그 자리에 계속 서 있기만 했습니다.

'이대로 여기 서 있을 필요가 없다. 돌아가든지, 버스를 타든지 둘 중 하나로 결정하자. 넌 버스도 못 타면서 무슨 전도사를 하냐!'

결국 저는 이런 생각을 하면서 다음에 오는 버스에 무조건 올라탔습니다. 마침 맨 앞자리에 탔던 손님이 내렸는데, 저는 너무 떨려서 그 자리에 털썩 앉았습니다. 그리고 다시 일어날 용기가 생기지 않았습니다.

저는 다음 버스 정거장에서 내렸습니다.

'내가 지금 뭐 하는 거지?'

이렇게 생각하고 다시 다음 버스에 무조건 탔습니다. 그런데 서서 무슨 말을 해야 할지 몰랐습니다. 기아바이를 처음 시작할 때는 A4 용지 한 장 정도에 할 말을 써서 외워야 했는데, 저는 그런 것이 필요 없다고 생각하고 준비하지 않았던 것입니다.

저는 앞에서 무슨 말을 했는지 기억이 나지 않습니다. 사람들에게 물건을 돌렸는데 결국은 하나도 못 팔았습니다.

저는 기가 더 죽어서 버스에서 물건 파는 것을 그만해야겠다고 생각했습니다. 그리고 경동시장으로 갔습니다. 제가 경동시장 귀퉁이에서 그때 팔던 것이 천자문 책이었습니다. 저는 그 책을 두 권 팔고 사무실로 돌아왔습니다.

사장님은 첫날은 꼭 기아바이 선생님과 함께 다니면서 실습을 하는데, 혼자 나가서 두 권이나 팔고 왔냐며 저를 칭찬해 주셨습니다. 저는 그 격려에 힘입어 기아바이 생활에 잘 적응했습니다.

기아바이를 하면 여러 가지로 좋은 점이 있습니다. 서울 시내버스를 타면 서울 어디든지 갈 수 있었기 때문입니다. 나중에는 제가 기아바이 선생님이 되어서 처음 이 일을 하는 분들을 훈련시켰습니다. 그리고 저는 가방에 책 몇 권만 넣어 가지고 다니면서 학교에 오고갈 때 팔았습니다.

저는 서울 시내버스를 무료로 탔습니다. 왜냐하면 서울 시내버스의 모든 안내양을 잘 알고 있었기 때문입니다. 교회에서 학생들과 함께 버스를 탄 적이 있었는데, 제가 아무 버스나 타도 버스 안내양을 알고 있으니까 학생들이 놀란 적이 있습니다.

저는 모든 안내양과 친해지는 방법을 터득했습니다. 일단 서울 시내버스는 노선별로 회사가 있습니다. 예를 들어 불광동에 있고, 망우리에 있고, 명일동에 있습니다. 그리고 그 버스회사별로 기숙사가 있어서 안내양들은 모두 기숙사 생활을 했습니다. 그들은 버스를 탈 때면 안내양 복장으로 갈아입고 명찰을 달았습니다.

저는 안내양들의 명찰을 유심히 보고 기억해 두었다가 다음에 갈은 노선(운송회사)의 버스를 탔을 때나 혹 모르는 안내양을 만났을 때 먼저 기억해 둔 안내양의 이름을 대면서 누구 아느냐고 말을 걸었습니다. 그러면 즉각 반응이 나왔습니다.

"어머! 우리 언니인데 어떻게 아세요?"

"알고말고! 잘 알지!"

저는 그 안내양에게 음흉한 웃음을 지어 보입니다. 그러면 그 안내양은 이제 저에게 포섭된 것입니다.

저는 안내양에게 토큰을 받고 요구르트를 얻어먹으면서 버스를 타고 다녔습니다. 안내양들은 대부분 시골에서 올라와서 생활했기 때문에 많이 외롭고 힘들어했습니다.

이것도 전도와 비슷해서 말만 잘한다고 물건을 많이 팔 수 있는 것은 아니었습니다. 물건을 파느냐 못 파느냐는 미세한 것에서 차이가 납니다. 이 세상의 모든 일도 이와 비슷한 것이 많습니다. 보통 사람들은 큰 차이만 알아보지만, 전문가는 미세한 차이도 알아볼 수 있습니다. 기아바이도 마찬가지입니다. 한 예로 버스에서 물건을 나누어 줄 때 앞에서부터 나누어 주고 뒤에서부터 걷는 방법을 사용하는 것입니다. 그러고는 미리 준비해 둔 천 원짜리 지폐를 손에 쥐고 앞 사람이 듣도록 "감사합니다."라고 말하면서 마치 뒤에 있는 사람이 물건을 산 것처럼 행동하는 것입니다. 기아바이 물건은 살까말까 고민하는 사람이 많은데 창피해서 사지 않는 경우가 많습니다. 특히 물건을 만지작거리는 사람은 살까말까 갈등하는 사람입니다. 이때는 물건을 확 갖고 가지 말고 이렇게 물어보아야 합니다.

"다른 색깔로 드릴까요?"

같은 제품이지만 다른 색깔을 올려놓는 것입니다 그러면 대개는 얼떨결에 그 물건을 삽니다.

그 시절에는 버스 소매치기가 극성을 부리던 때였습니다. 서울에 가면 코 베어 간다는 말이 생긴 것도 이 소매치기들이 한몫한 것입니다.

기아바이 생활을 오랫동안 하다 보면 소매치기들이 눈에 보입니다. 그들은 쓸데없이 버스를 자주 타거나 두세 명이 함께 몰려다닙니다. 그러나 현장에서 직접 목격하지 않으면 정황만으로 뭐라고 할 수 없습니다.

그러다 한번은 그들이 동대문에서 우연히 소매치기하는 모습을 보았습니다. 그들 중 한 사람이 신문지로 시선을 가로막으면 다른 한 사람이 '툭' 치고, 그러면 또 다른 한 사람이 할머니의 속주머니를 털어 갔습니다. 순간 저는 "소매치기야!" 하고 소리를 질렀습니다. 그러자 그들은 버스에서 재빨리 내려서 도망을 갔습니다. 할머니도 버스에서 내리셨는데, 그때서야 돈을 잃어버린 것을 아셨습니다. 주머니를 확인한 할머니는 가로수 옆에 쭈그리고 앉아 한참 동안 먼 하늘만 바라보다가 가셨습니다.

나중에 저는 이 소매치기들이 다른 버스에 타고 있는 것을 한 번 더 보았습니다. 그들이 우리를 알아보고 피해 다녔기 때문에 같은 버스에서 마주치는 일은 없었습니다.

당시 서울 시내버스는 문이 하나였고 그 앞에 안내양이 있었는데, 버스 문이 두 개가 되자 안내양이 없어졌습니다. 이때쯤 저도 기아바이 생활을 그만두었습니다.

기아바이에게 제일 큰 유혹은 지하철입니다. 지하철은 한 번 타면 여러 칸을 다닐 수 있는데다가 버스보다는 흔들림이 없어서 물건을 팔기가 참 좋았습니다.

그러나 당시 공안활동이 엄해서 기아바이를 하다 걸리면 바로 경찰서 유치장으로 가거나 즉결 재판에 넘겨졌습니다. 저는 몇 번 경고를 무시하고 지하철을 탔는데, 그때 유치장에 3일 동안 갇혀 있기도 했습니다.

당시 저는 서울 시내버스 안내양들과 그들의 삶을 많이 좋아했습니다. 그리고 열심히 전도해서 몇 명의 안내양들을 교회로 인도했습니다.

언제나 사회에서 소외된 분들이 복음을 잘 받아들입니다. 누군가의 손길을 원하고 있기 때문입니다. 지금도 그때 그 시절의 안내양들이 그립습니다.

군대를 가게 되었습니다

군대 입영통지서가 날아왔습니다. 제가 태어난 연령대는 인구출생 비율이 높았습니다. 이때로부터 몇 년 전에 방위가 생겨났습니다.

저는 팔을 다친 적이 있었기 때문에 방위로 지원했습니다.

당시 저는 서울에 있는 교회에서 생활하고 있었습니다. 집이 없어 교회 의자에서 자기도 하고 작은 지하실 방에서 자기도 했습니다.

저는 새벽기도를 하다가 교회에서 나와 혼자 훈련소로 들어갔습니다.

군대 첫 짬밥이 훈련소에서 나오는 점심이었습니다. 모두들 지난 저녁과 아침을 잘 먹고 왔는지 거의 다 그대로 남겼습니다.

"이 새끼들 내일부터 두고 보자!"

교관이 혼자 외쳤습니다. 그런데 저는 아침을 굶고 와서 배가 고팠던 터라 그 짬밥을 다 먹었습니다. 훈련병 중에 군대에서 처음 나온 짬밥을 다 먹은 사람은 저 혼자였을 것입니다.

"이영제 이병!"

훈련을 마치고 퇴소식을 시작하려는데, 갑자기 저를 부르는 소리가 들렸습니다. 재빨리 뛰어나가 큰 소리로 관등성명을 외쳤습니다.

"네! 이병 이영제!"

교관이 저에게 이렇게 말했습니다.

"열외!"

그 옆에는 대령 지프가 대기하고 있었습니다. 아마 제가 전에 한성전자를 다닌 적이 있다는 사실을 안 것 같았습니다. 저는 지프를 타고 훈련소를 빠져나왔습니다.

제가 있던 부대는 예비군동원부대였습니다. 예비군이 들어오면

가슴 뛰는 스마트 선교사

중대, 소대가 완성되는 부대입니다. 흔히 '전투방위'라고 불렀습니다. 모든 훈련을 현역병과 같이 했습니다. 다른 점이 있다면 서울 인근의 자기 집에서 도시락을 싸서 출퇴근을 한다는 것입니다.

방위가 군기 빠진 방위처럼 보이는 데는 이유가 있습니다. 당시에는 자기가 입을 군복(방위복), 군화를 자기 돈으로 사서 입어야 했습니다. 그러다 보니 방위 복장이 제각각이고 군화도 마찬가지였습니다. 복장이 사람을 만든다고 방위 복장이 제멋대로이다 보니 군기가 없어 보였습니다.

저도 방위복과 군화를 사서 신었는데, 군화는 중고를 사서 신었습니다. 제가 보아도 완전 방위 모습 그 자체였습니다. 군화가 발에 잘 맞지 않아서 좀 불편했지만, 어쩔 수 없이 신고 다녔습니다. 방위복이 한 벌밖에 없어서 주말이면 빨아서 입고 다녔습니다.

그런데 가끔 단추 한두 개가 떨어져 있는 것을 모르고 입고 갔다가 '군기 교육대'에 걸리기도 했습니다. '군기 교육대'에 한번 들어가면 반죽음입니다. 저는 군기 교육대에 걸려서 이름이 여러 번 올라갔지만, 다행히 한번도 '군기 교육대'에 가지는 않았습니다.

저는 교회에서 생활하면서 방위생활을 했기 때문에 새벽에 밥을 해 줄 분이 없었습니다. 그래서 새벽예배를 드리다가 나와서 부대로 가는 길에 빵과 우유를 사먹고, 어떤 때는 바빠서 굶고 가기도 했습니다. 점심 도시락은 없었습니다. 자대 배치를 받았는데, 다행히 동기생 세 명이 한 중대로 가게 되었습니다. 처음에는 점심시간에 수돗가에 가서 밥 대신 물을 마셨습니다. 나중에는 동기생들이 제가 점심 도시락을 싸 오지 못한다는 것을 알고 제 도시락을 교대로 싸 가지고 왔습니다.

저는 아침마다 부대 뒷산에 있는 조금 흔들면 떨어질 듯한 바위산을 보는 것을 즐겼습니다. 그 산을 바라보며 하나님이 만드신 자연의 아름다움을 느끼고 호흡하며 부대로 출근을 했습니다.

내 생애 첫 승리

여자들은 남자들이 군대에서 축구한 이야기를 하면 제일 듣기 싫어 한다고 합니다. 그러나 저도 군대 이야기를 조금 하겠습니다. 축구는 아니고 닭싸움을 한 이야기입니다. 제가 방위 생활을 시작한 지 3개월 정도 지났을 때입니다.

그날 오후에는 화생방 교육이 있었습니다. 나무가 우거진 산 속 교육장으로 이동했는데, 우연히 세 중대가 한 장소에 모이게 되었습니다. 중대장도 모두 참석했습니다.

화생방 교육은 특별한 것이 아니고 훈련소에서부터 해 왔던 것입니다. 독가스가 뿌려진 곳에 방독면을 뒤집어쓰고 있으면 되었습니다. 이것을 늘 반복해서 교육받았습니다.

중대장 세 명은 반복되는 훈련이 따분했는지 오후의 간식을 걸고 닭싸움을 하자고 했습니다. 닭싸움을 하는 데 어떤 특별한 규칙이 있는 것은 아니었습니다. 아주 간단하게, 좁은 공간에 세 중대가 다 들어

가슴 뛰는 스마트 선교사

가서 이긴 사람은 남고 진 사람은 나오는 것이었습니다.

저는 귀퉁이에 가만히 서서 사람이 좀 줄어들 때까지 기다렸습니다. 거의 다 밖으로 나가고 20여 명 정도가 남았습니다. 저는 이제 더 이상 귀퉁이에만 서 있을 수 없었습니다. 그리고 눈을 딱 감고 중앙으로 들어가 내 다리를 상대편 무릎 밑으로 집어넣고 들어 올렸습니다. 그랬더니 남아 있던 몇 명이 다 넘어졌습니다. 정신없이 땀을 흘리고 싸우다 보니 어느 순간 다 쓰러지고 내 앞에 단 한 명만 남았습니다.

제가 볼 때 골격이 아낙자손과도 같아 보였고 골리앗처럼 보이기도 했습니다. 그는 저를 노려보았는데, 이제 다 끝났다는 의미의 웃음을 지어 보였습니다. 그리고 우리 중대장과 응원하던 중대원들도 약간 탄식소리를 내는 것 같았습니다.

저는 3개월밖에 안 된 방위병이었고, 상대는 골리앗 같은 현역 상병이었습니다. 승부는 끝난 듯 보였습니다. 그는 저를 노려보더니 멧돼지처럼 돌진해 왔습니다. 저는 겁을 먹고 본능적으로 몸을 약간 비껴서 그냥 피했습니다. 그랬더니 그냥 자기가 달려오던 힘에 못 이겨 개골창으로 곤두박질쳤습니다. 이 일 이후에 저는 중대의 영웅(?)이 되었습니다.

행군과 웅변대회 준비

'전투방위'는 현역과 똑같이 훈련을 하다 보니 행군훈련이 있었습니다. 긴 행군이 이어질 때 군인들은 철모 속 파이버(편집자 주: 섬유로 만들어 철모 밑에 받쳐 쓰는 모자)에 예쁜 여자 사진을 넣어서 휴식을 취할 때 쳐다보곤 했습니다.

저는 예쁜 여자 사진 대신 성경말씀을 빼곡히 적어 비닐로 싸서 철모 안에 넣었습니다. 그리고 그 철모를 뒤집어쓰고 다녔습니다. 저는 말씀이 철모 안에 있다는 것만으로도 힘이 났습니다. 휴식 시간이 되면 철모를 벗어서 성경구절을 암송했습니다.

일주일에 한 번 있는 목요일 주제발표 시간은 저를 위해 존재하는 것 같았습니다. 다른 병사들이 모두 조용했기 때문에 어쩔 수 없이 저 혼자 그 시간을 채워야 했습니다.

한동안은 연대 웅변대회가 있다고 해서 웅변연습을 하면서 시간을 보냈습니다. 우리 중대에서는 대회에 나갈 사람이 아무도 없어서 어쩔 수 없이 제가 하기로 했습니다.

저는 외우는 것을 아주 못합니다. 그냥 이야기하는 것은 잘하지만 웅변이라는 것은 해 본 적이 없었습니다. 남들은 각개 전투, 무슨 훈련을 다 받는데, 저는 혼자 그늘 밑에 앉아서 웅변연습을 했습니다. 그런데 시간이 다가올수록 걱정이 태산이었습니다.

한번은 혼자 웅변연습을 하다가 나무 밑에서 잠이 들었습니다. 잠에서 깨어 보니 밤이 되어 어두컴컴했습니다. 저를 빼놓고 어떻게 점호를 했는지는 모르겠지만 모두가 부대를 나가고 방위병들은 없었습니다. 저는 밤에 혼자 부대를 빠져나온 적도 있었습니다.

당시는 전두환 대통령 시절이었는데, 시위가 한참 일어날 때였습

가슴 뛰는 스마트 선교사

니다. 그래서 비상이 걸렸고 웅변 대회는 취소되었습니다. 그리고 '집 총훈련'이라고 폭동진압훈련을 받았습니다.

소총과 사격 대회

제 주특기는 '100'입니다. 부 직책으로 M60 기관총 부사수였습니다. 부사수들은 주로 사격할 때 산속에 숨어서 깃발을 올리며 표지판을 확인하는 작업을 했습니다. 한번은 산속에 숨어서 사격을 지켜보고 있는데, 제 머리 옆으로 총알 두 발이 휙 지나갔습니다.

M60 기관총은 한국전쟁 때 람보가 버리고 간 총입니다. 정확한 조준 사격보다는 원거리 주변 지원사격을 위한 것입니다.

대한민국 육군이 제일 많이 갖고 있는 주특기는 소총수(100)입니다. 소총은 M16을 사용했습니다. 이 총은 박정희 전 대통령이 베트남 전쟁 때 미국에서 가져온 것인데, 대한민국 군인의 무기를 현대화하는 데 일조했습니다. 그러나 총알을 사오는 데 돈이 많이 들어 나중에는 다시 한국형 소총을 만들어서 사용했습니다.

당시 대우정밀에서 M16A1을 만들었고, 그 다음에는 1972년 박정희 대통령의 지시에 따라 XB 소총 개발계획이 국방과학연구소(ADD) 주관으로 진행되어 1977년부터 XB-1에서 XB-6까지 모두 6가지의 시험용 소총이 설계되었습니다.

결국 최종안인 XB-6을 양산형으로 결정하고 개량을 가한 후에, 최초의 독자 개발 소화기인 K1 기관단총에 이어 K2로 명명했습니다.

1984년부터 생산되어 전방 전투부대에 우선적으로 보급되었는데 미국 콜트사와 저작권 시비가 있었지만 결국 콜트가 졌습니다. 1990년대 이후에는 후방을 제외한 대부분의 부대에 보급되어 한국군의 주력 제식 소총이 되었습니다.

사단에서는 M16 사격대회가 있었습니다. 이 대회에 출전할 사격 선수를 뽑기 위해 각 중대부터 사격하기 시작했습니다. 저는 망원렌즈 400mm짜리로 사진을 찍을 때처럼 손떨림을 최소화해 사격했더니 잘 맞출 수 있었습니다. 저는 중대에서 연대 대표로 뽑힌 10명에 들어갔습니다.

저는 사격 연습을 한동안 계속했습니다. 하루에 200발 이상을 쏘아 댔습니다. 제 소총에서 늘 연기가 모락모락 나는 것을 보고, 이러다 총대가 열 받아서 휘어지면 어떡하나 하는 걱정이 들었습니다.

하지만 이번 사격대회는 가만히 서서 총을 쏘는 것이 아니라 10보를 뛰어가 엎드려서 50m(상반신), 100m, 250m 표지판에 순서대로 사격하는 것이었습니다. 표지판 어디든 맞기만 하면 되었습니다. 한 연대에서 10명이 돌아가면서 했는데, 한 사람에게 세 번의 기회가 주어졌습니다. 그러니까 한 사람이 쏘는 것은 세 발씩 세 번 총 아홉 발이었습니다.

저는 10보 달려가는 연습을 하다가 연병장에서 모래에 미끄러져 돌멩이에 부딪혔습니다. 그 충격으로 개머리판에 입술이 부딪히면서 이빨에 약간 충격이 가해졌습니다. 나중에 제대하고 나서도 그 이빨

가슴 뛰는 스마트 선교사

이 흔들려 고생했습니다. 너무 아파서 이빨을 뺐는데 장가가기 직전 처음 선보는 날까지 이빨이 빠진 채로 있었습니다.

드디어 사단 사격대회가 열렸습니다. 저는 여덟 번째 사수로 임명받았습니다. 그런데 세 번째 사격을 하려는데 제8번 라인 표지판에 문제가 생겼습니다. 50m 표지판이 위로 올라오다 반쯤 누워 있는 것이었습니다. 사격장에서는 달려가서 10초 안에 사격을 해야 하기 때문에 이러한 상황에 대해 말할 겨를이 없었습니다. 무조건 쏴야 했습니다.

다행히 이것은 명중시켰습니다. 100m도 명중시켰습니다. 이제 250m 하나 남겨 두고 있었습니다. 250m는 가늠자로 볼 때 표지판이 가늠자보다 더 작게 보입니다. 그래서 작은 흔들림도 용납되지 않습니다. 망원렌즈로 사진을 찍듯이 뛰어가 엎드려 조준하고, 흔들림 없이 언제 방아쇠가 당겨졌는지 모를 정도로 서서히 당겨야 합니다.

그런데 또 변수가 발생했습니다. 250m 표지판이 옆으로 약간 기울어져 있었던 것입니다. 사격장에는 바람의 방향을 알려 주는 빨간색 풍랑 깃발이 있었습니다. 저는 이것을 보고 남동쪽으로 조금 세게 바람이 불기 때문에 250m는 약간 반대방향 서북쪽으로 조준하여 사격을 해야겠다는 생각이 들었습니다.

그런데 표지판이 옆으로 기울어져 있어서 어떻게 조준을 해야 할지 순간 판단이 서지 않았습니다. 사격을 했지만 총알은 빗나갔습니다. 꼭 저 때문에 진 것은 아니었지만, 우리 연대는 2발이 뒤져 2위를 차지했습니다.

저는 이 사격대회 때문에 방위생활 중 유격훈련이 면제되었습니다. 그러나 팀 스피리트 훈련에는 아군으로 참가하기도 했습니다.

1년 6개월의 방위생활이 이렇게 끝났습니다. 나름대로 열심히 군부대에 다녔는데, 나중에 제대할 때 보니까 다른 동기생들보다 제가 10일을 더 결근을 했습니다. 그만큼 나름대로 힘들었던 일이 있었던 것 같습니다. 그래서 다른 동기들은 작대기를 두 개 달고 나오는데, 저는 들어갈 때도 하나, 나올 때도 하나 달고 나왔습니다.

"충성!"

삼각산에서 성경 읽기

저는 삼각산에 자주 갔습니다. 처음에는 기도하러 한두 번 올라 다녔는데, 그 후에는 갈 곳이 없을 때면 자연스럽게 철야기도도 할 겸 삼각산으로 향했습니다. 나중에는 체로키 인디언처럼 깊은 산속에 움막을 만들어서 편안한 휴식을 즐겼습니다.

지금도 가끔은 그곳 생활이 좋아서 산속에 들어가 움막을 만들고 싶은 생각이 듭니다. 그러나 지금은 불법입니다.

저는 때때로 불빛이 환한 서울 시내를 내려다보면서 속으로 이런 생각을 했습니다.

"저렇게 집이 많은데, 나는 머리 둘 곳이 없구나!"

저는 삼각산에서 주로 성경을 보았습니다. 얼마나 열심히 읽었던

가슴 뛰는 스마트 선교사

지 라면 끓여 먹는 시간, 화장실 가는 시간이 아까웠습니다. 나뭇가지에 앉아 있던 새들은 거의 움직이지 않는 저를 보고 가까이 오기도 했습니다. 새는 지지배배 노래했고, 저는 성경을 읽었습니다. 밤에는 배터리로 30w 전구불을 밝혔습니다.

저는 성경을 소리 내어 일독하면 정해진 시간에 얼마나 읽을 수 있는지 계산해 보았습니다. 대략 새벽 5시부터 오후 10시 정도까지 쉬지 않고 성경을 읽으면 하루에 신약성경 전체를 읽을 수 있었습니다. 구약은 분량으로 4분의 3정도 되었습니다. 따라서 쉬지 않고 성경을 읽는다고 하면 4일이면 성경을 일독할 수 있었습니다. 저는 이것이 가능한지 시도해 보았습니다. 처음에 한 번은 겨우 성공했는데, 그 다음부터는 지치고 힘들어서 그런지 점차 느려졌습니다. 그래서 일독하는데 5일을 잡았습니다. 성경을 연속적으로 읽은 제 최고 기록은 한 달에 일곱 번 반을 읽은 것입니다. 지금까지 이 기록은 깨지 못하고 있습니다. 저는 삼각산에 있으면서 그 해에 성경을 약 서른 번 읽었습니다.

겨울이 찾아왔습니다. 자연스럽게 움막이 드러나고 더 이상 숨어 지내기가 어려웠습니다. 삼각산 근처에서는 휴지장사와 넝마주이(쓰레기로 버려진 것 중에서 재활용할 수 있는 폐기물들을 모아서 돈벌이를 하는 사람)를 하는 사람들이 모여 철거를 앞두고 있는 집에서 지내고 있었습니다. 저도 여기에 합류하였습니다. 방이 좁으니까 몇 명은 마루에 나와서 자야 했습니다. 저도 마루에서 잤습니다. 어디서 주워 온 이불을 덮고 잤지만, 너무 추운 날은 잠이 오지 않았습니다.

개척교회 전도사

친구 소개로 구로동에 있는 지하실 개척교회에서 전도사를 하게 되었습니다. 저는 계단 밑에 있는 작은 공간에 방을 꾸며서 그곳에서 지냈습니다.

당시 상고생들은 타자기를 들고 다녔는데, 저도 타자를 배워야겠다는 마음이 들었습니다. 당시에 개인용 컴퓨터가 없었기 때문에 타자를 배워 두면, 컴퓨터를 빨리 익힐 수 있다고 생각했습니다. 저는 학생들이 가지고 다니는 4벌식 한글타자기를 빌려서 한 달간 지하실 계단 밑에서 똑딱거리며 사용했습니다.

어느 날은 새벽기도를 하고 나오던 어르신이 지하실 교회에서 이상한 소리가 난다고 기겁을 하고 돌아가셨던 일도 있습니다. 그렇게 한 달을 연습하고 나니 속도는 조금 느렸지만 설교문 정도는 타자로 쳐서 기록할 수 있었습니다. 영문 타자도 한 달간 연습했더니 어느 정도는 칠 수 있었습니다.

실력이 조금 나아진 후에는 마라톤 한글타자기를 8만 원 주고 구입했습니다. 또 청계천에 가서 3만 원을 주고 미 군부대에서 사용하던 큼지막한 중고 영문타자기를 구입했습니다.

담임목사님은 3km 정도 떨어진 거리에서 자전거를 타고 교회에 오셨습니다. 그래서 겨울에 눈이 오거나 할 때는 새벽기도를 제가 인도했습니다. 주변에서 어르신 서너 분이 교회에 나오기 시작했습니다. 저는 주변의 학생들과 친구들을 전도했습니다. 학생회와 청년회가 부흥해서 학생회는 5개월 후에 50명 정도가 되었습니다.

교회 바로 윗동네에서 부모님이 작은 식당을 하는 고등학생 한 명이 교회에 나오기 시작했습니다. 이 여학생은 내가 아무리 말려도 아침저녁으로 어머니 몰래 밥상을 차려 제게 갖다 주었습니다.

청년회로 전도했던 청년들은 대부분 구로공단에서 일하는 지방 청년들이었습니다. 이중에는 제가 나중에 컴퓨터를 가르쳐서 학원 강사가 된 청년도 있고, 병원이나 회사 전산실에 취직한 청년도 있었습니다. 자매들은 권면하여 어린이교육신학교 등으로 많이 보냈습니다.

그 당시에 수정이 오빠 김동만은 구로동 어느 나이트클럽에서 일하고 있었는데, 제가 전도한 끝에 우리 교회에 나왔습니다. 그래도 몇 달 동안은 잘 나왔습니다.

제 삶은 평안한 날들이 이어졌고, 저는 나름대로 기쁨으로 사역을 감당하고 있었습니다. 학생들, 청년들은 모두 저를 좋아했습니다. 가끔은 정도가 지나칠 정도로 말입니다.

한번은 한 자매가 저에게 오더니 다방으로 나오라고 했습니다. 그냥 교회에서 이야기해도 될 것 같은데, 굳이 나오라고 해서 저는 나갔습니다.

그 자매는 한동안 아무 말을 안 하고 뜸을 드리더니 대뜸 나보고 자기를 좋아하냐고 물었습니다. 설교할 때 자기 얼굴만 보고 설교하지 않았느냐는 것이었습니다.

저는 속으로 생각했습니다.

'작은 교회에서 앞을 바라보면 다 보고 하는 것이지….'

저는 설교를 하면서 특별히 누구를 주목해 본 적은 없습니다. 원래 설교학에서 배울 때 시선을 두루두루 돌려보라고 배웁니다. 그런데 솔직히 설교하다 보면 잘 듣는 사람 위주로 바라보게 되어 있습니다.

저는 난감했습니다. 그 자매는 자기가 할 말은 다 했으니 나보고 빨리 대답하라고 했습니다. 만일 자기를 좋아하지 않는 것이면, 자기는 창피해서 더 이상 교회에 나오지 않겠다는 것입니다. 완전히 저를 협박하는 듯했습니다.

어쨌든 그 자매가 교회에 나오지 않게 되면 자칫 소문이 좋지 않게 퍼질 가능성이 있었기에 고민이 되었습니다. 그러나 그렇다고 마음에 없는 말을 할 수도 없어서 난감했습니다. 저는 그런 일은 쉽게 결정할 일이 아니라고 자매를 설득하느라 진땀을 흘렸습니다. 이후에도 비슷한 일이 몇 번 있었지만, 돌아보면 저에게는 행복했던 시간이었습니다.

조금 서운했던 일도 있었습니다. 그것은 바로 담임목사님과의 관계였습니다. 담임목사님께서 피아노 반주를 하는 자매를 데려왔는데, 이 자매에게는 매월 5만 원을 사례비로 주시고, 저에게는 3만 원을 주셨습니다. 사람이 금전적인 문제가 개입되면 유치해지는 것 같습

가슴 뛰는 스마트 선교사

니다.

또 한 번은 목사님 아들이 군대에서 잠깐 휴가를 나왔을 때였습니다. 저는 어찌되었든 신학교를 졸업한 상태였고, 목사님 아들은 신학교를 다니다가 군대에 갔습니다. 저에게는 주일 저녁, 수요 예배 설교를 한 번도 맡기신 일이 없었는데, 목사님 아들이 휴가를 나오니까 주일 저녁, 수요 예배 설교를 맡기시는 것입니다. 저는 그때 가방을 몇 번이나 쌌다 풀었는지 모릅니다. 저는 그때 이 교회를 떠났어야 했는지 모릅니다.

어느 날 사라진 전도사

어느 날 김동만은 어두워질 무렵 손수레를 끌고 교회에 나타났습니다. 잠시 후 김동만을 뒤따라오던 경찰이 교회로 들이닥쳤습니다. 이게 또 무슨 일인지, 순간 느낌이 좋지 않았습니다.

김동만은 지하실 교회로 급하게 뛰어 들어갔습니다. 김동만은 전과(별이)가 한 6-7개는 되었습니다. 이제 또 잡혀서 들어가면 '감호' 처분을 받을 수 있습니다.

당시 중범죄자들에게는 실형과 별도로 '감호제도'라는 것이 있었습니다. 감호형은 보통 7-8년 정도는 기본이고, 10-15년도 내려졌습니다. 그리고 그 유명한 청송 감호소로 갔습니다. 이 제도는 사회에서 그 사람을 완전 격리하기 위해 만들어진 법이었습니다.

어느새 김동만은 보이지 않았고, 경찰은 모퉁이를 돌아 뛰어오자마자 제 손목에 수갑을 채웠습니다. 저는 무슨 영문인지 몰랐지만, 순간 김동만이 지하실 교회로 숨었다고는 도저히 말을 할 수 없었습니다.

저는 파출소로 끌려갔습니다. 그날은 금요일이었기에 철야 준비를 해야 했습니다. 또 토요일은 주보도 만들어 인쇄해야 했고, 청년회와 학생회 예배도 드려야 했습니다.

저는 아무 말도 하지 못하고 끌려갔습니다. 그 이후 누구에게도 연락하지 않았습니다. 아무도 이 사실을 아는 사람이 없었기에 면회 오는 사람도 없었습니다. 저는 파출소에서 하룻밤을 지내고 경찰서로 넘겨졌습니다.

조서가 꾸며졌는데, 저는 '모르겠습니다.'라고만 말했습니다. 정말로 아무것도 아는 것이 없었습니다. 경찰의 말에 따르면 어느 사무실에서 신고가 들어왔는데 문을 뜯었는지, 부쉈는지는 모르지만 복사기가 없어졌다는 것이었습니다. 손수레를 끌고 가던 사람이 수상해 보여서 뒤쫓아 왔는데 그 손수레에 복사기가 있었다는 것입니다.

저는 아무것도 모른다고 말하다가 머리를 얼마나 얻어맞았는지 모르겠습니다. 파출소, 경찰서까지 조서가 만들어졌습니다. 저는 아무에게도 연락할 곳이 없었고, 연락한다 해도 뭐라고 말할 수 있는 상황이 아니었습니다.

한 군데 유일하게 연락을 해서 도움을 받을 수 있는 곳이 있었는데 제가 전에 다니던 한성전자였습니다. 그러나 회사에서 전에 몇 번

가슴 뛰는 스마트 선교사

씩이나 사람을 보내서 저를 데려가려고 했을 때마다 기어코 거절했는데, 이제 와서 그것도 경찰서에서 절도범의 누명을 쓰고 연락한다는 것이 도저히 용납되지 않았습니다. 그렇게 저는 하룻밤을 파출소에서 지내고 경찰서에서 이틀을 보내며 심하게 갈등했습니다. 저는 교회로 돌아가고 싶었습니다. 그러나 결국 김동만의 이야기는 하지 못했습니다.

저는 영등포 구치소에 수감되었습니다. 죄수번호가 47**번이었습니다. 죄목은 특수절도였습니다. 절도와 특수절도의 다른 점은 절도는 조용히 들어갔다 조용히 나오는 것이지만, 조용히 나오다 누구한테 들켜서 한 대 때리면 강도가 되는 것입니다. 또 문을 부순다든가 무슨 연장을 가지고 있었거나 하면 특수절도가 되는 것입니다.

누구 말대로 교도소에서 인생길 닦는 것이 아닌가 하는 악몽이 되살아났습니다. 그런데 이 수감생활도 적응하면 그런대로 괜찮았습니다. '밥 다 먹여 주겠다. 밖에서 나를 지켜 주겠다.' 아무런 문제도 없었습니다. 그러나 이런 제가 벌써 문제가 있는 것입니다.

조폭 두목들 중에는 자진해서 여기 들어오는 사람도 있습니다. 세상에 있으면 누가 와서 죽일지 모르는데 구치소나 교도소에 있으면 안전하기 때문입니다. 그래서 일부러 가벼운 죄를 짓고 들어오는 경우도 있습니다.

서대문 구치소에서 전해 내려오는 이야기가 있습니다. 70년대 배고픈 시절 교도소를 집처럼 드나들던 분이 있었습니다. 이분은 평생

교도소에서만 지냈기 때문에 사회생활에 적응할 수 없었습니다. 이분은 출소를 앞두고 밖에 나가서 일할 기회가 있었는데, 일을 마친 후에 실수로 이분 혼자 밖에 남겨 놓고 구치소 문을 닫았습니다. 그러자 이분은 철문을 발로 차며 이렇게 외쳤다고 합니다.

"이 새끼들! 나를 버리고 가면 어떡해? 문 열어!"

저는 검찰 조서를 다 마치고 1심 재판을 받았습니다. 돈을 들여 변호사를 살 수 없는 사람은 국선 변호사를 국가에서 선임해 주었지만, 그냥 형식적인 것이었습니다. 변호사가 한 번도 내게 와서 물어본 적이 없었으니까요. 조서를 보고 대충 말했습니다.

"피고 그랬지요? 그랬답니다."

당시 보통 변호사 비용은 300-500만 원 정도였습니다. 모르긴 몰라도 제 사건의 경우 500만 원이면 당장 풀려날 수 있는 정도이고, 300만 원 정도면 집행유예정도로 1심에서 나올 수 있었습니다. 그런데 변호사가 없는 제게는 실형 8개월이 떨어졌습니다.

당시 관행이 거의 무조건 항소를 하는 것이었습니다. 왜냐하면 항소심에서 대개는 형이 줄어들기 때문이었습니다.

저는 구치소에서 거의 독서를 하면서 시간을 보냈습니다. 하루 종일 앉아 있어야 했기 때문에 저는 불을 끄기 전까지 아침부터 온갖 책을 다 보았습니다. 주로 역사에 관한 책을 읽었습니다. 그리고 에세이 집도 많이 읽었습니다. 독서실이 따로 없었습니다. 저의 이런 모습에 교도관도 저를 잘 대해 주었습니다. 그리고 주일이 되면 한쪽에서 예

가슴 뛰는 스마트 선교사

배를 드렸습니다. 물론 한 사람이라도 전도하려고 노력했습니다. 그러나 도둑놈이 도둑놈을 전도한다는 것이 쉽지는 않았습니다. 여기 있는 사람들은 대부분 죄를 짓다 들킨 이야기를 하거나 '다음에는 이렇게 해야지!' 등의 범죄 공모에 관한 이야기를 했습니다. 교도소가 교도하는 곳이 아니라 다시 범죄자를 양성한다는 이유가 여기에 있습니다.

영등포 구치소에서

구치소에서 3개월 정도 지냈을 때입니다. 흉악범이 한 명 들어왔습니다. 강도, 강간범 오삼식입니다. 구치소에는 별의별 사람이 다 있습니다. 가끔은 화장실에서 목매달아 죽는 사람도 있습니다. 따라서 교도관들은 신경을 많이 써야 합니다. 또 어떤 때는 싸움이 일어나서 난리가 나기도 합니다.

구치소에 있으면 예측 불가능한 인생 막장과 같은 삶을 살게 됩니다. 감방으로 우편물이 배달되는 경우가 있는데 대개 이혼서류입니다. 그래서 결혼한 사람은 우편물을 받으면 가슴을 쓸어내립니다.

저는 주일날 사람들을 한쪽에 모아 예배를 드리고 있었습니다. 찬송을 하는데 갑자기 오삼식이 시끄럽다고 하면서 제 뺨을 후려갈겼습니다. 그때 저도 모르게 왼뺨을 다시 들이댔습니다. 이번에는 주먹이 날아왔습니다. 얼마나 강하게 맞았는지 저는 순간 별이 보였습니다.

저는 구급차에 실려 병원에 갔습니다. 정신은 희미했지만, 사람들이 웅성웅성 거리고 구급차가 '앵앵' 거리는 소리가 귓가에 들렸습니다.

제가 얼마나 누워 있었는지는 잘 모르겠습니다. 나중에 안 사실이지만 저는 열흘 넘게 의식이 돌아오지 않았다고 합니다. 이렇게 위중한 상황이었는데 아무도 우리 가족에게 이 소식을 전해 주지 않았습니다.

'하나님이 여기서 저를 죽이신다면 제가 죽고자 했을 때 죽게 했어야 했습니다. 저는 죽지 않을 것입니다. 이렇게 죽으면 하나님의 은혜에 보답할 길이 없습니다.'

이런 마음이 저를 깨운 것 같습니다. 저는 의식을 되찾아 다시 구치소로 돌아왔습니다.

제가 병원에 있는 동안 오삼식은 독방으로 옮겨졌습니다. 오삼식은 그곳에 있는 동안 저를 위해 기도했다고 했습니다. 제가 죽으면 살인죄까지 추가되기 때문에 아마 기도를 안 하고는 못 견뎠을 것입니다. 제가 돌아오자 오삼식이 제일 좋아했습니다. 독방에 갇혀 있어서 제대로 만날 기회는 없었지만, 한두 번 마주친 적이 있었습니다. 그때 오삼식은 이제 자기도 예수를 믿는다고 말했습니다.

구치소로 돌아온 후 저는 즉시 특별보호 대상이 되었습니다. 일명 '요시찰'이라고 불리는 것입니다. 대개 요시찰은 살인범, 흉악범, 조직폭력 두목에게 붙여집니다. 왼쪽 팔에 노란 완장을 찹니다. 구치소에서도 요시찰은 잘 건드리지 않습니다. 무서운 사람이니까요.

가슴 뛰는 스마트 선교사

또한 한 방에 요시찰은 한 명 이상 들여보내지 않습니다. 보통 요시찰은 무기형에 해당하는 범죄자가 대부분이었습니다. 저처럼 8개월짜리 요시찰은 아마 제가 유일했을 것입니다. 구치소 내에서는 저를 건드리는 사람이 없어서 좋았지만, 재판을 받으러 나갈 때는 수갑 외에 포승줄을 꽉 조여 묶어서 하루 종일 팔이 아팠습니다. 감시하는 경찰도 두 배로 따라다녔습니다.

구치소 생활을 하는 동안 저는 아무도 면회 오는 사람이 없었고, 사식을 넣어 주는 사람도 없었습니다. 제가 아무 곳에도 연락을 하지 않았기 때문입니다. 하지만 저는 아무래도 상관이 없었습니다. 이제는 어떤 일을 당해도 견딜 수 있을 것 같았습니다. 지금 다 이해하지 못한다고 해도 결국은 하나님의 뜻하심이 있을 것이라고 확신했기 때문입니다.

그런데 부모님께만은 달랐습니다. 이렇게 감옥소나 들락날락하라고 저를 키우신 것이 아니었기 때문입니다. 부모님만 생각하면 가슴이 메어졌습니다. 무슨 말로도 변명하기가 어려웠습니다.

아버지와 마지막 만남

어느 날 아버지는 저를 보러 구치소로 찾아오셨습니다. 이 불초한 자식을 보려고 다리를 절뚝거리며 먼 길을 오셨습니다.

"아무래도 아버지가 오래 못 살 것 같다."

철장 아크릴 판 구멍이 뚫려 있는 사이로 겨우 말소리만 들릴 뿐이었습니다.

저는 아버지의 손이라도 잡아보고 싶었습니다. 그러나 면회 시간은 금세 흘러갔습니다. 아버지는 저에게 들어가라는 손짓을 하셨습니다. 아버지는 자신의 뒷모습을 저에게 보여 주기 싫으셨던 것 같습니다. 저는 끌려 들어가면서도 아버지의 얼굴을 조금이라도 더 보려고 노력했습니다. 그리고 3일 동안은 아버지가 넣어 준 사식을 눈물로 먹었습니다.

항소심이 열리기 전 검사가 저를 불렀습니다. 아버지가 다녀가신 것 같았습니다. 제가 과거에 청량리정신병원에 입원했던 적이 있어서 아버지는 저의 정신 감정을 의뢰하신 것 같았습니다. 저는 구치소에서 국립정신병원으로 옮겨졌습니다. 그러나 저는 일반 환자가 아니라 범죄자였기 때문에 경찰이 두 명씩 함께 따라다녔습니다.

그때 병원으로 누나가 찾아와서 저에게 아버지가 돌아가셨다고 했습니다. 아버지는 제가 병원으로 옮겨졌다는 것을 아시고 돌아가신 것 같았습니다.

저는 마음이 너무 아파 울었습니다. 그리고 주님께 기도했습니다.

"하나님께서 제게 기회를 주신다면 아버지의 몫까지 제가 일을 하겠습니다. 아버지를 천국으로 인도해 주소서."

다행히 아버지가 세례를 받고 돌아가셨다는 소식을 들었습니다.

저는 병원에서 정신감정결과를 받았고, 1심 재판 기간보다 오히려 두 달 더 걸려서 10개월 만에 영등포구치소를 나왔습니다. 물론 출소

가슴 뛰는 스마트 선교사

할 때도 두부를 가지고 마중 나온 사람은 없었습니다.

집에 도착해 보니 아버지의 장사를 지낸 지는 이미 오래된 것 같았습니다. 그런데 어머니는 아직 실감이 나지 않으시는지 힘들어하셨습니다. 빈소에 아들이 없었으니 동네사람들과 친척들에게는 제가 병원에 입원해 있다고 하신 것 같았습니다.

제가 듣기로는 아버지가 돌아가시기 전, 강원도 홍천 여인숙 주인에게서 급히 연락이 와서 동네친구 분이 가서 모셔 왔는데 몸을 가누기 어려우셨고, 장사하시던 작은 옷 보따리를 함께 가져오셨다고 했습니다. 어머니도 작아진 아버지의 옷 보따리를 보고 많이 우셨나 봅니다. 장사가 잘될 때는 아버지 옷 보따리가 컸기 때문입니다. 그리고 아버지는 며칠 집에 누워 계시다가 돌아가셨다고 합니다.

어머니가 충격을 너무 많이 받으셨기 때문에 저는 서울에 가서 짐을 정리하고 고향으로 내려오기로 결심했습니다. 서울 가는 기차 난간에 매달려 얼마나 눈물을 흘렸는지 모릅니다. 서울에 도착할 때까지 1시간 동안 펑펑 울었습니다.

화도교회로 돌아와서

마석으로 돌아온 저는 화도교회에서 교육전도사를 잠시 맡게 되었습니다. 화도교회에 나오는 사람들 중에는 예전에 제가 다녔던 새마을공장에서 일하던 학생들도 있었습니다. 대부분 지방에서 학생들을 장학생으로 데려와 낮에는 새마을공장에서 일을 시키고 밤에는 학교를 다니게 했습니다. 그래도 당시 지방에서 학생들이 자기 힘으로 공부하겠다고 많이 왔었습니다. 화도교회는 이런 학생들이 대부분이었습니다.

저는 학생들과 잘 어울렸습니다. 누구보다도 학생들을 좋아했습니다. 갑자기 구로동 지하실 개척교회가 생각났습니다. 그곳의 청년들과 학생들이 그리웠습니다. 그 교회는 제가 떠난 후 목사님께서 목회를 더 이상 못하시고 교회 문을 닫았습니다. 마음이 아팠습니다.

이제 화도교회는 저에게 고향 교회였습니다. 그리고 마석에서는 누가 저를 잡아갈 사람도 없는 것 같아 마음이 편했습니다. 저와 친해진 여학생들은 저 모르게 가끔 우리 어머니를 찾아가 자기가 며느리인 양 행동했습니다.

"누가 진짜야?"

어머니는 즐거운 비명을 지르셨습니다.

시골교회 교육전도사라는 것이 사실 별로 할 일이 없습니다. 토요일과 주일을 빼면 심심하기가 한량없습니다. 저는 가만히 있는 성격이 못되어서 평내 아파트 건설현장에 가서 일하기로 했습니다. 지하실 방수 작업을 하는 일이었습니다. 막일을 하고 작업복 차림으로 버스를 타면 가끔 교회 학생들을 만났는데, 학생들은 전도사가 막일하는 것을 이해하지 못하는 눈치였습니다.

중학교 동창 '염은오'라는 친구가 평내에 살았는데, 그 집은 젖소를 키웠습니다. 그런데 추운 겨울에 소가 그만 얼어 죽었습니다. 죽은

가슴 뛰는 스마트 선교사

소는 팔 수가 없었기 때문에 저에게 소 뒷다리 하나를 주었습니다. 얼마나 컸던지요. 그것을 포대에 담아 버스를 탔는데 주위 사람들이 다 쳐다보았습니다. 그러나 이 소 뒷다리 때문에 우리 동네 사람들은 소고기를 한참 동안 먹었습니다.

이렇게 어울리지 않는 평화로운 삶이 언제부터인지 시작되었습니다. 어머니도 평안을 되찾으셨습니다. 그런데 그 험악한 서울이 무슨 마력이 있는지 또 다시 저를 끌어당겼습니다.

그때 신학교 친구인 김홍복이 미국에서 목사님이 오셔서 큰 집회를 열 계획인데 저에게 함께 준비해 줄 수 있겠느냐고 했습니다. 김홍복에 관한 이야기는 제가 '선교사 친구'라는 칼럼을 써서 공개했던 적이 있습니다.

선교사 친구

이 이야기는 20년은 족히 더 된 것입니다.

제게는 오랜 친구 한 명이 있습니다. 신학교 동창입니다. 그런데 신학교를 졸업한 후 그 친구는 대만으로 갔습니다. 공부하러 간 것인지 아니면 선교하러 간 것인지는 확실히 알 수 없었습니다.

대만에서 5년 넘게 생활한 그 친구는 중국어와 영어, 일본어를 모두 할 수 있었습니다. 저는 그 친구가 너무 부러웠습니다. 중국이든 대만이든 필리핀이든 어디든 가지 못하고 집안 장롱처럼 붙박이가 되어 이곳에 남아 선교하는 내 모습이 우습기도 하고, 영어 한마디 제대로 못하는 내 모습이 부끄러웠습니다.

그 친구는 외국을 제집 드나들 듯이 하다 보니 저는 늘 그 친구가 어디 있는지 알 수가 없었습니다. 그 친구로부터 연락이 오기 전에는 제가 연락할 방법조차 없었습니다. 그런데 꼭 잊을 만하면 한 번씩 연락이 왔습니다. 어떤 때는 5년이 걸리기도 했습니다.

그런데 언제부터인가 그 친구가 선교를 하지 않고 무역 일을 한다는 소식을 듣게 되었습니다. 그래서 저는 그 친구의 사정은 물어보지도 않고 만날 때마다 왜 그 좋은 능력을 하나님께 드려야지 세상 일을 위해 사용하느냐고 다그쳤습니다. 그랬더니 또 연락이 끊어졌습니다.

그러던 어느 날, 늘 그랬던 것처럼 느닷없이 그 친구에게 연락이 왔습니다. 추석 명절이었는데 저에게 굴비를 보내 주었습니다. 그때는 참 잘 나갔나 봅니다. 나중에 들은 이야기인데 본인 말로는 청와대에도 갔다 왔다고 했습니다.

또한 자신이 사원 몇 백 명을 다 뽑는다고 했습니다. 아파트 한 채사는 것은 일도 아닌 것 같았습니다. 저에게는 꿈같은 이야기였지만 말입니다. 어쨌든 굴비는 잘 먹겠다고 하고 받았습니다.

그리고 이제 그 친구는 저와 만날 시간이 없겠다는 생각이 들었습니다. 그 친구는 저를 잊은 것 같았습니다. 저는 가끔 그 친구가 생각이 났지만, 어디서 잘 살고 있겠지 하는 정도였습니다. 그런데 한참 후에 또 연락이 왔습니다.

이번에는 목소리가 조금 가라앉아 있었습니다. 언제나 자신 있었던 예전의 그 씩씩한 목소리와는 조금 달랐습니다. 그 잘 나가던 회사가 IMF 때문에 망한 것입니다. 그 친구도 회사 간부로 있어서 어느 정도의 법정·물질적 책임이 있었던 것 같습니다. 그 친구는 집에도 못 가고 이리저리 돌아다녔습니다.

그 친구는 작은 전자업체에서 물건 하나를 가지고 와서 저에게 설명하면서 그것을 대만에 가져다가 팔아보겠다고 했습니다. 그런데 일이 잘 되지 않자 비슷한 일을 몇 번 더 했습니다.

그때 제가 그 친구에게 물었습니다.

"왜 하나님 일은 하지 않고 사업을 했냐? 지금이라도 돌아오면 안 되겠냐?"

"그게 그리 쉽지 않아. 내가 대만에 갔다가 한국에 돌아왔을 때 아버지가 하시던 일이 있었어. 그게 문제가 생겨서 장남인 나에게까지 영향을 주었지. 그래서 그 일만 해결하고 다시 선교하려고 했는데 그만….".

얼마후 친구와 또 연락이 끊어졌습니다. 그런데 이번에는 어느 복지 단체의 임원이 되었다는 소식이 들려왔습니다. 참 재주가 많은 친구인 것은 분명합니다. 언어에 능통한 것뿐만 아니라 말솜씨도 좋았습니다.

그러던 어느 날 그 친구로부터 병원에 있다는 연락을 받았습니다. 제가 병원에 가 보니 그 친구는 중환자실에서 나온 지 얼마 안 된 것 같았는데, 멀쩡한 곳이 거의 없었습니다. 복지관 승용차를 몰고 밤길에 졸음운전을 하다가 내리막길에서 내려오던 탱크롤리트럭이 제 친구 승용차를 박아서 사고가 난 것이었습니다. 형체를 알아볼 수 없는 승용차 안에 있던 제 친구가 살아난 것은 기적이었습니다.

그 친구는 현대 의료기술 덕분에 다행히 목숨은 구할 수 있었습니다. 그러나 다리는 절단해야 했습니다. 하지만 본인이 우겨서 겨우 철심만 박고 절단하지는 않았습니다.

그런데 문제는 심장이었습니다. 심장이 절반의 기능밖에 하지 못했습니다. 수술로도 좋아질 확률은 거의 없다고 했습니다. 그래서 그 친구는 언제 멈출지 모르는 심장을 가지고 살 수밖에 없었습니다.

심장을 고칠 수 있는 유일한 방법은 심장이식 수술을 받는 것이었습니다. 물론 그것도 성공보장이 큰 것은 아니었습니다. 그리고 한국에서는 심장이식을 받기가 어려웠습니다. 심장이식을 받으려는 사람은 많고 심장은 없기 때문입니다.

그래서 그 친구는 자신이 중국어를 할 수 있으니까 중국에 직접 가서 심장을 구해 보겠다고 했습니다. 그런데 그 친구에게 하나님께서 선교하라는 마음을 주셔서 그 친구는 중국에 가서 심장이식은 받지 않고 선교를 했습니다. 그리고 오랜만에 한국에 와서 하나님이 자신을 이렇게 다시 불러 주셨다고 하면서 기뻐했습니다. 언제까지 자기가 살지 모르지만, 하나님을 위해서 남은 시간을 바치겠다고 했습니다.

저는 그 친구에게 물어보았습니다.

가슴 뛰는 스마트 선교사

"그래, 그 몸으로 중국에 가서 뭐가 제일 힘들었냐?"

"웅, 중국 화장실에는 대부분 좌변기가 없는거…. 나는 철다리라서 다리를 구부리지 못하고 앉아서 용변을 봐야 하는데 그게 힘들어. 그래도 감사하게 하나님이 잘 인도해 주셔서 무사히 다닐 수 있었어."

그 친구는 언제 심장이 멈출지 모릅니다. 심장 환자들은 심장에 무리가 오면 도로에서 운전하다가도 바로 병원으로 가야 합니다. 그래서 제 친구도 비상등을 켜고 갓길로 운전한 적이 몇 번 있다고 했습니다.

그런데 제가 근래에 연락을 해 보니 또 연락이 안 됩니다. 중국에서 선교하고 있겠지요? 늘 그랬던 것처럼 어느 날 갑자기 나타나 저를 또 한 번 놀래 주었으면 좋겠습니다.

세계적인 부흥강사를 모시고

김홍복은 이때도 저를 서울로 불러놓고 자신은 어디로 사라져 버렸습니다. 저는 미국에서 오신 윤경학 목사님께 앞으로 할 일에 관해 설명을 들었습니다.

윤 목사님은 세계적인 부흥강사 모리스 세룰로(Morris cerullo) 목사님을 모시고 한국에서 집회와 전도학교를 할 계획이었습니다. 모리스 세룰로 목사님은 이미 한국에서 세 차례(69년 대전, 70년 서울, 71년 부산) 부흥 집회를 인도하셨었습니다. 특히 1970년에 남산야외음악당에서 열렸던 집회 사진을 보고 제 마음은 흥분되기 시작했습니다. (http://

이번에는 집회뿐만 아니라 전도학교도 함께 준비하기로 했습니다. 먼저 예비 성격의 집회를 전국적으로 열기로 했습니다. 제게는 이모든 것이 즐겁고 흥분되는 일이었습니다.

저는 윤 목사님과 함께 서울 시내에 있는 한 호텔에서 임시 사무실을 차려 놓고 일을 했습니다. 전국 교회에 우편물을 발송하기 위해 봉투에 주소를 붙이는 작업을 했습니다. 당시는 컴퓨터가 없었기 때문에 교회주소록에 있는 주소를 잘라 붙이기도 하고, 또 손으로 직접 써서 복사하기도 했습니다. 그때는 이 모든 것이 보통 일이 아니었습니다.

우리는 호텔에서 한 달 정도 있다가 광화문에 있는 감리회관으로 사무실을 옮겼습니다. 당시 국제극장과 감리회관이 나란히 옆에 있었는데, 이 두 건물을 합쳐 재건축을 하려던 때였습니다. 그래서 감리회관 사무실을 쓰고 있던 회사들이 모두 빠져 나가고 있었는데, 우리는 대회 때까지만 임시로 사무실을 사용할 것이었기에 무료로 사용할 수 있었습니다.

저는 그 사무실에 들어갈 때 타자기를 갖고 가서 구로동 지하실 개척교회에서 연습한 실력으로 모든 공문서를 혼자 다 만들어 보냈습니다. 공문서는 이미 상업고등학교 학생들에게 배워 두어서 쉽게 만들 수 있었습니다. 당시는 이런 일도 사무직원을 별도로 채용해야 할 만큼 어려운 작업에 속했습니다.

가슴 뛰는 스마트 선교사

사무실을 오갔던 부흥 강사 목사님들은 아마 '전도사가 못하는 것이 없네.', '전도사가 여성스럽네.'라는 생각을 하셨을 것입니다. 왜냐하면 그 당시 타자는 여자만 쳤기 때문입니다. 남자가 타자를 치면서 사무를 보는 것은 제가 처음이었습니다.

어쨌든 그 실력으로 서울시에 공문서를 보내 민간인이 최초로 잠실실내체육관을 사용할 수 있었습니다. 그리고 광림교회에서 월요일부터 금요일까지 전도학교를 열었습니다.

저는 이 대회를 10개월 이상 준비하여 성공리에 마쳤습니다.

평강교회 전도사로 결혼

신학교 교수님 소개로 과천에 있는 평강교회에서 전도사를 맡게 되었습니다. 이 교회는 유치원을 함께 운영하고 있었는데, 저는 아이들이 집에 가고 나면 그곳에서 잠을 잤습니다. 어렸을 때 다녀보지 못한 어린이집과 유치원을 그제야 다니는 기분이었습니다.

평강교회를 잊을 수 없는 또 하나의 이유는 제가 이 교회에서 결혼을 했기 때문입니다. 우리 교회에 부흥회를 인도하러 오셨던 목사님이 제 아내를 소개해 주셨습니다. 나중에 안 사실이지만 부흥 목사님이 오실 때 그 교회 집사님들이 몇 분 오셨는데, 제가 찬양을 인도할 때 저를 유심히 보셨답니다.

저는 모리스 세룰로 목사님이 오실 때 여러 교회에서 찬양 인도를 많이 해 보았습니다. 제가 부흥 집회 때 찬양을 인도하면 교회의 마이크가 거의 모두 고장 났습니다. 찬양을 잘해서 그런 것이 아니라 너무 뜨거운 나머지 큰 소리로 불러서 고장 난 것이었습니다. 제가 기도할 때도 너무 크게 말해서 무슨 소리인지 하나도 못 알아듣겠다고 하신 분도 있습니다. 저는 성령의 뜨거운 체험과 역사를 전달하려고 몸으로 부르짖으며 울었습니다.

이런 저의 모습을 예쁘게 보셨는지 부흥 집회 목사님이 저를 눈여겨보셨던 것 같습니다. 그리고 그 목사님이 섬기시는 교회에서 제일 믿음이 좋다는 자매를 소개해 주셨습니다.

저는 나름대로 이제 평범한 생활을 하고 싶었습니다. 아내는 제가 교회 의자에서 자는 것을 면하려고 결혼했다고 매일 놀립니다. 그 말이 틀린 것은 아닙니다. 그러나 저는 교회 의자에서 자는 정도면 아주 만족해하며 지낼 수 있습니다.

저는 아내와 중매로 선을 본 사이였기 때문에 시간을 끌수록 저에게 불리하다는 것을 알았습니다. 보통 연애를 오래 하면 여자보다 남자가 손해인 거 같습니다. 갈수록 남자는 좋은 모습보다 좋지 않은 모습이 드러나기 때문입니다. 특히 저는 연애 시간을 끌면 끌수록 절대 유리할 것이 없었습니다.

아내와 저는 출신 배경이 달랐습니다. 아내는 구 군포사거리에 있었던 차씨네 집안에서 자랐습니다. 옛날에는 군포에 거의 차씨네들만 있었습니다. 장모님은 서울 노량진에서 군포로 시집와서 70년을 사셨습니다. 장인어른은 예전 시흥시였을 때 공무원으로 근무하셨는데,

오래 전에 암으로 돌아가셨습니다. 제 아버지도 몇 년 전에 암으로 돌아가셨으니 서로 처지가 비슷했습니다.

처음 우리는 안양의 한 호텔 커피숍에서 목사님의 주선으로 만났습니다. 저는 그날 주보를 찾으러 가야 한다며 차 자매와 함께 을지로에 갔습니다. 그리고 종로3가 세운상가에 볼 일이 있어서 그곳까지 걸어갔습니다.

그러고는 맛있는 음식점이 있다고 하면서 종각에 갔습니다. 나중에 아내는 제가 자기를 테스트하는 것인 줄 알았답니다. 그날 따라 신지 않던 구두를 신고 나와서 발이 아파 죽겠는데, 제가 테스트를 하는 줄 알고 기를 쓰고 따라다녔답니다.

얼마 되지 않아 저는 차 자매를 어머니에게 데리고 갔습니다.

"이번에는 진짜냐?"

어머니는 화도교회 야간 학생들이 우리 집에 찾아와 자기가 며느릿감인 양 행동한 적이 많았기 때문에 저를 보자마자 이런 말을 하셨습니다.

저는 서울 가는 차를 타러 빨리 가야 한다는 아내의 말에 막차는 이미 떠났다고 거짓말을 했습니다. 그리고 아내를 우리 집에 데리고 가서 어머니 옆에서 자게 했습니다. 저는 그때 쓰러져 가는 단칸방에서 살고 있었습니다.

군포에서 차씨네는 기와집으로 마을을 이루고 있었던 집안입니다. 밤에 아무것도 안 보일 때 데려갔는데 아침에 일찍 일어난 아내는 집 뒤에 뭐가 더 있겠지 하고 집 뒤쪽으로 가 보았답니다. 그러나 아무것도 없었답니다. 그러면서 이렇게 웃긴 집은 처음이라고 했습니다. 무슨 집이 방문을 열면 바로 길이었으니 말입니다.

이 집은 제가 다섯 살 때 지은 것입니다. 대원군 묘가 우리 집 뒷산으로 이장해 올 때였습니다. 달라진 것이 있다면 처음에는 초가집이었던 것이 지금은 슬레이트집이라는 것뿐입니다.

나중에 제가 아내를 또 실망시킨 것은 이 집터도 우리 땅이 아니라는 사실이었습니다.

그러나 제가 아내를 속인 적은 없습니다. 말을 하지 않았을 뿐입니다. 그 당시에 저는 아내에게 분명히 못을 박았습니다.

"나는 주님을 위해 살 수밖에 없는 사람이기 때문에 나를 무조건 따라오려면 결혼하고 그렇지 않으면 헤어집시다."

그때는 제 아내도 뭐에 홀렸는지 그 말이 오히려 더 멋있게 들렸다고 했습니다. 그리고 저는 아내를 만날 때마다 "진도 나갑시다."라고 하면서 속전속결로 진행했습니다.

신혼여행

드디어 만난 지 55일 만에 평강교회에서 결혼식을 했습니다. 제가 다른 날짜는 기억을 잘 못하는데 결혼기념일은 잘 기억합니다.

원래 결혼식 날짜는 12월 25일이었습니다. 크리스마스 예배가 끝나면 간단하게 결혼식을 하려고 계획하고 있었습니다. 그런데 갑자기

가슴 뛰는 스마트 선교사

담임목사님께서 자신이 미국에 다녀와야 하는데, 결혼하지 않은 전도 사에게는 이 교회를 잠시라도 맡길 수 없다고 하시면서 저에게 결혼 을 서둘러 하라고 하셨습니다. 그래서 두 달을 앞당겨서 10월 25일에 결혼을 하게 되었습니다.

결혼식 준비를 하려고 제 주머니를 보니까 달랑 토큰 하나뿐이었 습니다. 그러나 저는 개의치 않고 무조건 결혼 날짜를 잡았습니다. 제 가 결혼하니까 나중에 주위의 다른 친구들도 줄줄이 결혼했습니다.

"이영제 전도사가 장가가는데 내가 왜 못 가랴!"

친구들은 이렇게 떠들어댔습니다.

결혼식을 준비하는 데 모리스 세룰로 목사님을 모시고 집회를 한 것이 큰 도움이 되었습니다. 결혼식은 전도집회에 비하면 아무것도 아니었습니다. 주례는 목사님께 맡기면 되고, 식사는 집사님들에게 국수를 삶아 달라고 하면 되었습니다.

10월 25일 토요일에 우리는 결혼식을 올렸습니다. 주일은 교회에 서 지냈고 월요일이 되어 신혼여행을 가야 했는데, 어디로 가야 할지 몰랐습니다.

저는 아내에게 물어보았습니다.

"어디 가고 싶은 곳 있어요?"

"제주도에 가고 싶어요."

저는 제주도에 몇 번 갔었던 일이 있었기 때문에 일단 목포로 가 는 고속버스를 탔습니다. 목포에 도착해 보니 제주도로 가는 여객선은 이미 떠나서 다음날에 있다고 했습니다. 그래서 다음날 목포 유달산 공원을 구경하고 오후 늦게 배를 탔습니다. 당시는 카페리호가 처음 다니기 시작할 때였습니다.

우리는 밤 11시가 넘어서 제주도에 도착했습니다. 숙소를 구하기 위해 일단 눈에 보이는 호텔에 가 보았습니다. 그러나 빈 객실이 없었습니다. 한두 군데는 더 다녀 보았는데 마찬가지로 빈 방이 없었습니다.

이제 마지막으로 한 군데만 더 가 보고 없으면 교회라도 가서 철야를 해야겠다고 생각하면서 가방을 질질 끌고 땀을 뻘뻘 흘리며 여관에 갔습니다.

그런데 마침, 숙소를 정해 놓고 일하는 분이 계신데 이분이 아직까지 안 들어와서 그 방이 비어 있다고 했습니다. 그 사람이 들어오면 주인아주머니 방에서 자게 할 테니 우리에게 그 방을 사용하라고 했습니다. 우리는 감사하게도 그곳에서 3일 동안 지낼 수 있었습니다.

다음날 아침 우리는 제주도 시외버스 터미널에 가서 버스를 탔습니다. 제주도 시외버스는 30분마다 다녔는데, 제주도를 한 바퀴 도는 노선이었습니다. 가는 곳마다 관광지였기 때문에 시외버스가 대기하고 있어서 여유 있게 타고 다니면서 사진도 찍고 구경했습니다.

그런데 문제가 생겼습니다. 서울로 올라가는 차비가 떨어진 것입니다. 아내에게 돈이 있느냐고 물어보니까 장모님이 주신 수표 30만 원이 있다고 했습니다. 그런데 당시에는 이 수표가 경기은행에서 발행한 것이어서 제주도에서는 사용하지 못했습니다.

저는 서귀포 대한항공지점에 가서 일단 서울로 가는 비행기를 예약했습니다. 표가 프린터에서 찍찍거리며 찍혀 나왔습니다. 계산을 해야 해서 수표를 주었더니 직원은 경기은행 수표는 제주도에서는 확인할 수 없기 때문에 받을 수 없다고 하면서 난색을 표했습니다.

그런데 이미 표는 예약되어 있어서 무를 수도 없는 상태였습니다. 어쩔 수 없이 우리는 그 표를 받아서 서울에 있는 직원을 통해 처리하겠다고 했습니다. 그리고 거스름돈을 받았습니다.

우리는 그 남은 돈으로 하루 동안 지내다가 돌아왔습니다. 처갓집은 안양 군포인데, 김포공항에서 시내버스를 타고 처갓집으로 갔습니다.

장모님께서는 딸이 시내버스를 타고 와서 마음이 편치 않으셨던 것 같습니다. 그러나 우리는 신혼여행을 다녀오면서 육해공군 안 타 본 것이 하나도 없었습니다.

헌집 줄게 새집 다오

"집은?"

신혼여행에서 돌아온 아내가 물었습니다. 아참! 결혼해서 살 집이 없었습니다. 저 혼자 있을 때야 유치원에서 자든, 교회에서 자든 상관이 없었는데, 이제는 상황이 달랐습니다. 제가 하늘을 쳐다봤다 땅을 쳐다봤다 하니까 아내가 눈치를 챘습니다.

아내는 결혼지참금으로 500만 원을 가지고 있었는데, 350만 원 정도가 남아 있다고 했습니다. 그래서 일단 그 돈을 가지고 전셋집을 얻어 보기로 했습니다.

그러나 과천에서 아파트를 얻는다는 것은 불가능했습니다. 당시 우리가 가지고 있던 돈으로는 방 한 칸 전세금으로도 부족했습니다. 우리는 허름한 집을 알아보기 시작했습니다. 과천에서 인덕원으로 넘어가는 길 오른쪽에 옛날 시골집들이 있었습니다. 그러나 거기도 만만치 않았습니다. 과천과 인덕원 사이의 고개를 넘어 인덕원에 도착했습니다. 인덕원 근처에서 집을 알아보다가 못 구해서 관양동까지 갔습니다. 관양동 한 복덕방에 들려 400만 원 달라는 집을 살펴보았습니다. 방 한 칸 있는 집이었습니다. 어르신 두 분이 사시는데 우리 부부가 인상이 좋고 마음에 든다고 350만 원에 해 준다고 하셨습니다.

그런데 방 안에 우상 사진이 붙어 있어 저는 무조건 그 집은 싫다고 했습니다. 그리고 복덕방에 들려 나오려고 하는데, 어떤 아주머니가 나오면서 복덕방 아저씨에게 "우리 집 전세 빨리 놔주세요!"라고 말씀하셨습니다. 그러고는 아주머니가 우리를 불렀습니다.

"제가 방을 400만 원에 내어 놓았는데, 350만 원에 해 드릴 테니까 우리 집으로 오세요."

그래서 방이 두 칸 있는 삼숙이네 집에 전세를 얻어 들어가게 되었습니다.

가슴 뛰는 스마트 선교사

새벽기도와 신혼살림

추운 겨울에도 새벽예배를 나가기 위해 자전거를 타고 관양동에서 인덕원 고개를 넘어 과천에 있는 교회에 갔습니다. 저 혼자 간 것이 아니라 아내와 함께 갔습니다. 자전거 뒤에 타고 있던 아내가 말했습니다.

"당신, 대단해요!"

"뭐가?"

"추운 겨울에도 빠지지 않고 새벽기도에 가잖아요!"

저는 '무거운 자신을 태우고 인덕원 고개를 넘어서!'라고 말할 줄 알았습니다.

저는 전도사 생활비로 한 달에 3만 원을 받고 교회에서 사역했습니다. 아내는 늦게 한세대학교에 다니고 있었지만, 아내는 비싼 대학교 등록금 때문에 항상 걱정했습니다.

"학교 그만 다닐까요?"

"여보, 왜 다니던 학교를 그만 둬요? 학교에서 나오지 말라고 할 때까지 다녀요. 미리 그만 둘 필요는 없잖아요?"

아내는 학비는 고사하고 기본 생활비도 없었습니다. 저는 결혼을 해서도 생활비에 거의 신경을 쓰지 않았습니다. 너무 무책임한 말이지만, 결혼 전에 제 성격에 대해 미리 말하고 아내에게 동의를 구했기 때문입니다.

아내가 해 준 두 가지 이야기가 기억납니다.

"동네 구멍가게에 콩나물을 사러 가는데, 주인집 딸 삼숙이(4살 여자아이)가 '아줌마!' 하면서 쫓아오는 거예요. 아이가 아이스크림 사달라고 하는데 사 줄 돈이 없어 집 주위를 몇 바퀴 돈 다음 그 아이를 따돌리고 콩나물을 사왔어요."

"어느 날, 삼숙이네 화장대에 100원짜리 동전이 굴러 다녔는데 그렇게 부러울 수가 없었어요. 제가 제일 힘들었던 일은 구역예배 시간에 헌금을 내지 못할 때였어요."

아내는 어려운 생활 형편 때문에 학교에서 돌아오는 길에 처갓집에 들려 쌀을 좀 퍼오기도 했습니다. 장모님은 이런 딸의 모습을 보고도 모른 척하셨습니다.

그런데 어느 날, 아내가 고개를 갸웃거리며 말했습니다.

"이상해요. 분명히 쌀을 2인분만 밥솥에 넣고 밥을 했는데 밥통에 밥이 가득해요."

저는 지금도 저 자신보다 아내의 말을 더 믿습니다. 아내는 거짓말을 할 줄 모르는 너무 순진한 사람입니다. 무엇을 시키면 다 따라 합니다.

저는 아내와 전도 훈련을 하기 위해 전철에 탔습니다. 대한성서공회에서 나온 쪽복음 소책자가 있었는데, 우리는 50원씩 주고 『창세기』와 『요한복음』을 샀습니다. 그리고 지하철에서 100원을 받고 팔았습니다. 그러면서 전도도 하고 돈도 벌었습니다. 제가 조용히 전도를 하면 아내는 이 쪽복음을 사람들에게 나누어 주었습니다. 그러나 이

가슴 뛰는 스마트 선교사

일은 몇 번 하다가 지하철 공안에게 걸려 다시 하지 않겠다는 각서를
쓰고 그만두었습니다.

3장 컴퓨터 선교사가 되다

SMARTMISSIONARY

컴퓨터와의 첫 만남

과천에 있을 때 저는 무엇인가 배워야 한다는 생각이 들었습니다. 저는 우연히 컴퓨터학원에 등록했습니다. 한 달을 다녔는데 학원 강사는 저에게 열 손가락을 다 사용하여 키보드를 입력하는 남자는 처음 보았다고 했습니다. 예전에 타자를 친 것이 도움이 되었나 봅니다. 학원에서 한 달을 배우고 나니 더 이상 배울 것이 없었습니다. 저는 이때 중요한 것을 깨닫기 시작했습니다. 컴퓨터를 알면 알수록 매력을 느낀다는 것과 제가 컴퓨터로 무엇인가 할 수 있겠다는 생각이 든 것입니다.

저는 이 학원에서 더 이상 배울 것이 없다는 것을 깨닫고 신촌 중앙전산학원에 개설된 3개월짜리 코불(데이터베이스) 과정에 등록했습니다. 그러나 갑자기 예비군 훈련에 가야 해서 두 달만 배우고 그만두었습니다.

그런데 이때 배워 둔 데이터베이스와 컴퓨터 네트워크의 개념은 컴퓨터가 단순한 PC의 개념이 아니라는 시각을 갖게 해 주었습니다. 뿐만 아니라 자료에 대한 개념과 진정한 데이터베이스화에 관한 것을 알게 해 주었습니다.

컴퓨터 선교?

이때 저는 진로에 대해 고민하기 시작했습니다. 전도사 생활도 좋았지만, 제가 정말로 가야 할 길을 찾아야 한다는 생각이 들었습니다.

저는 어떤 일이든 고민을 많이 하는 성격은 아닙니다. 고민보다는 바로 행동으로 옮기는 것을 좋아합니다. 어떤 때는 생각한 것을 하지 않으면 잠을 자지 못할 정도입니다.

저는 일단 기도하기 시작했습니다. 주님께서 제 앞길을 보여 달라고 말입니다. 저는 확실한 주님의 인도하심을 바라고 있었습니다. 아울러 이제 더 이상의 방황은 허용되지 않는다는 것도 알고 있었습니다.

제가 나름대로 성경을 보고 깨달았던 것은 '선교'를 해야 한다는 것이었습니다. '선교해라!' 아무리 성경을 보고, 또 보아도 역시 선교밖에 없었습니다. '선교'를 빼면 할 것이 없다고 생각했습니다.

그런데 선교라 하면 '선교사'가 되어야 하는데 제 모습을 보니 저

가슴 뛰는 스마트 선교사

는 '선교사'가 될 자격이 없었습니다. 아니 자격을 논하기 전에 제가 할 수 있는 것이 없었습니다.

저는 다시 기도하기 시작했습니다.

"저는 도저히 선교사가 될 수 없을 것 같습니다."

그랬더니 하나님의 세미한 음성이 들려왔습니다.

"누가 너보고 선교사 하래? 야! 이놈아 머리는 괜히 달고 다니냐? 머리를 써 머리를….."

저는 머리를 쓰기 시작했습니다. 그리고 제가 가야 할 길을 선택하기 위한 세 가지 조건을 떠올렸습니다.

첫째, 내가 잘할 수 있는 것.

둘째, 내가 좋아하는 것.

셋째, 미래에 비전이 있는 것.

그때 컴퓨터가 제 머릿속에 그려지기 시작했습니다.

"그래, 컴퓨터다! 이것이라면 내가 할 수 있는 일이 있을 것이다."

그때 저는 컴퓨터의 기능이나 데이터베이스를 통한 자료 구축은 물론이고 무엇이든 수집하기를 좋아하는 성격 때문에 자료와 정보를 모아야 한다는 생각을 했습니다.

또 하나는 컴퓨터를 통해서 복음전파를 할 수 있겠다는 생각을 했습니다. 이미 그 당시 대형컴퓨터는 통신이 이루어지고 있었습니다.

"언젠가 성경이 전파나 통신을 타고 전해질 날이 올 것이다. 누군가는 이 일을 해야 한다."

저는 마음속으로 확신을 갖게 되었습니다. 기분이 충만해진 저는 친구들을 만나서 이 이야기를 했습니다. 그러나 아무도 저를 이해하지 못했습니다. 친구들은 제 이야기에 관심 있는 듯 반응하고 커피도 사 주며 온종일 들어주었지만, 제 말을 제대로 이해한 친구들은 없었습니다.

아내는 제가 하는 말을 이해하지는 못했지만, 반대는 하지 않았습니다. 솔직히 반대할 것도 없었습니다.

"무엇으로 그 일을 한단 말인가?"

아마 아내는 이런 생각이었을 것입니다.

나의 첫 PC

어느 날 갑자기 저를 한성전자에 취직시켜 주었던 김상현 형에게 연락이 왔습니다.

"영제야, 내가 급하게 미국에 가게 되었어. 그런데 내가 사용하던 컴퓨터 한 대가 있는데, 그것을 어떻게 할까 하다가 마침 네 생각이 나서 말이야. 너에게 필요할 것 같다는 생각이 드는데, 혹시 너 내 컴퓨터 쓸래?"

저는 그날로 당장 달려가 그 컴퓨터를 가지고 왔습니다. 그 형이 사용하던 컴퓨터는 IBM 16비트 XT 컴퓨터였습니다. 당시 PC로써는 최신형이었고, 새것은 250만 원 이상 주어야 살 수 있었습니다.

저는 이 컴퓨터의 사용 방법을 배우기 위해 안양 일대의 컴퓨터학

가슴 뛰는 스마트 선교사

원을 알아보았습니다. 그런데 16비트 컴퓨터가 있는 곳은 하나도 없었습니다. 그래서 교보문고에 가서 컴퓨터 서적을 찾아보았습니다. 16비트 컴퓨터에 관한 책이 딱 한 권 있었습니다. 나중에 알았지만, 도스 명령과 롬 베이직 프로그램 명령어가 함께 설명되어 있는 책이었습니다.

저는 그 책을 사서 무조건 따라 하나하나 해 보았습니다. 하지만 컴퓨터라는 것이 책에 쓰여 있는 대로 한다고 모두 따라 할 수 있는 것은 아니었습니다. 그래서 일단 잘 되지 않는 것은 넘어갔습니다. 그리고 나중에 안 되는 부분은 다시 시도해 보았습니다. 결국 저는 그 책에 있는 것을 모두 따라해 보았습니다. 책은 낡아서 너덜너덜해졌습니다. 그러나 그때 익힌 컴퓨터 공부는 저에게 많은 도움이 되었습니다.

문제는 당시 컴퓨터가 롬 베이직과 도스로 이루어졌기 때문에 컴퓨터를 끄면 하던 작업이 모두 사라진다는 것입니다. 저장 장치가 없었기 때문입니다. 하는 수 없이 방법을 찾다가 카세트 녹음테이프에 저장하는 방법을 찾아냈습니다. 며칠 밤을 새워 겨우 성공했습니다. 그래서 카세트테이프에 저장해 놓았다가 필요할 때 읽어 내어 사용했습니다. 그 읽고 기록하는 속도는 그 당시에 벽돌 깨기 게임이 있었는데, 한 30분 정도 읽어 내야 그 게임을 할 수 있는 정도로 느렸습니다.

데이터 입력 작업 시작

이때부터 저는 밤을 새우며 성서지리, 성경인명 데이터를 PC에 입력하기 시작했습니다. 그런데 문제가 생겼습니다. 당시 PC에서는 청계천 한글이라는 것을 사용했습니다. 이것은 PC에서 사용할 수 있는 한글이 없었기 때문에 청계천 세운상가에 계신 분들이 컴퓨터를 팔기 위해 만든 것이었습니다. 이른바 7bit 청계천 한글이라고 불리는 것입니다. 이 카드를 장착해야 겨우 한글을 사용할 수 있었는데, 이는 흑백 허클리스 그래픽 카드에 함께 붙어서 나왔습니다. 그런데 문제는 이 청계천 한글로 안 써지는 글자가 여러 개 있다는 것이었습니다. 성경에서 나오는 한글 중에는 '욥'이라는 글자가 입력되지 않았습니다. 그래서 하는 수 없이 '요ㅂ'으로 표기하거나 영어 'Job'로 사용하기도 했습니다. '욥'뿐만 아니라 '오바댜'의 '댜'도 안 써졌습니다. 이것은 그냥 'ㄷㅑ'로 표기했습니다. 이런 식으로 당시 쓸 수 없었던 성경에 나오는 한글은 모두 8자였던 것으로 기억합니다.

이제 최신형 컴퓨터가 한 대 생겼으니 '한국기독교컴퓨터선교회'라는 단체를 만들어 '선교회'를 창립하기로 마음을 굳혔습니다. 그리고 나중에 '한국컴퓨터선교회'로 개칭했습니다. 당시는 이러한 이름을 사용한다는 것 자체가 이상하게 보일 때였습니다. 보통 사람들은 컴퓨터를 이해하지 못했을 뿐 아니라 컴퓨터로 선교한다는 발상 자체가 새로운 것이었기 때문입니다. 그런데 그 희소성이 큰 도움이 되었습니다. 사람들로부터 "컴퓨터선교회가 뭐 하는 곳입니까?"라는 질

가슴 뛰는 스마트 선교사

문을 많이 받았기 때문에 자연스럽게 선교회에 대해 설명할 기회가 생겼습니다. 그런데 '컴퓨터'라는 단어가 주는 이미지가 너무 강해서 '선교'라는 의미가 잘 새겨지지 않는다는 점이 지금까지도 큰 문제입니다. 저는 '선교'를 하려는 것이지 컴퓨터 개발 자체를 제 삶의 목표나 목적으로 둔 것은 아니기 때문입니다.

그리고 또 한 가지는 당시 컴퓨터가 '666이다'라는 말을 참 많이 들었습니다. 나중에 '다미선교회'가 또 이것을 이용해서 종말론까지 운운하면서 더욱 기승을 부렸습니다. 어떤 때는 '666'을 설명하다가 '선교' 이야기는 해 보지도 못할 때도 있었습니다.

현재 사용하는 KCM 마크도 그때 직접 디자인을 했습니다. 또한 선교회의 비전과 목표도 세웠습니다.

돈은 십 원도 벌어다 주지 않고, 이러고 있는 저를 바라보는 아내는 아무 말이 없었습니다.

컴퓨터선교회 창립

처음 선교회 사무실을 열게 된 곳은 신림동이었습니다. 기아바이 생활을 할 때 제가 처음 데리고 나가 키운 제자(?) 한 명이 신림동에 기아바이 사무실을 열었습니다. 10평쯤 되는 사무실인데, 여기다 제 책상도 하나 놓아 주었습니다. 이때는 간판도 없었습니다. 그냥 준비 단계였습니다. 그래도 점심때는 라면도 함께 끓여 먹으면서 즐거운 시간을 보냈습니다.

2개월 정도 후에는 제가 아는 목사님 소개로 대치동에 있는 총회 회관 602호에 20평 되는 사무실을 사용했습니다.

여기서 매주 목요일에 예배를 드리고 주변 아파트 지역에 전단지를 붙였는데, 그것을 보고 '김웅성'이라는 초등학교 학생이 왔습니다. 콧물을 훌쩍훌쩍 흘리면서 목요일마다 와서 예배를 함께 드렸습니다. 우리 부부는 이 아이에게서 많은 위로와 힘을 얻으며 선교회를 시작했습니다.

임대 기간이 다 되어서 사무실을 비워 주고, 우리 부부는 다시 제기동 미도파 백화점 옆에서 기독교 서점을 하시는 분의 사무실을 함께 사용하기로 했습니다. 사실 별로 할 일은 없었지만, 안양 인덕원에서 제기동 사무실까지 추운 겨울에도 매일 출근했습니다. 이러한 습관은 지금도 꾸준히 지키고 있습니다.

작은 석유난로 하나 피고 있던 사무실은 너무 추웠습니다. 썰렁한 사무실에는 아무도 찾아오지 않았습니다. 우리는 몸도 마음도 너무 시렸습니다. 그러나 우리 부부는 그 사무실을 지키고 있었습니다. 사무실 바로 뒤편이 한약재 상가였는데, 그곳에서는 팔고 남은 약재들을 버리는 경우가 많았습니다. 아내는 시간만 있으면 나가서 그것들을 모아 주전자에 넣고 끓였습니다. 우리는 그것으로 몸보신을 하면서 미래를 기약했습니다.

저는 이곳에서 컴퓨터를 배울 사람들을 모집해서 그들을 가르치면서 일단 사무실 비용을 뽑아야겠다고 생각했습니다. 그래서 제기동

가슴 뛰는 스마트 선교사

골목을 다니면서 전단지를 붙였습니다. 그러나 찾아오는 사람은 한 사람도 없었습니다.

1987년 1월 17일 우리 부부는 이곳에서 공식적으로 선교회 창립예배를 드렸습니다. 예배는 정남열 목사님께서 인도해 주셨습니다. 정 목사님은 나중에 한국기독교총연합회 선교위원장을 지내셨습니다.

우리는 여기서 몇 달 있다가 한 달에 30만 원 들어가는 세를 감당하기 어려워 다시 나왔습니다.

컴퓨터학원에서

안양 집으로 돌아와서 몇 달을 기도만 했습니다. 그러던 중 집사님 한 분에게 연락이 왔습니다. 이 집사님은 여의도에서 컴퓨터학원 몇 군데를 개원하셨던 분입니다. 당시는 컴퓨터학원이 유행처럼 막 생기고 있을 때였습니다.

그 집사님은 대치동에 컴퓨터학원을 차릴 계획인데 저에게 도와줄 수 있겠느냐고 물어보셨습니다. 저는 '컴퓨터선교회'를 할 수 있도록 전화를 별도로 놓아 주고, 아이들을 가르치는 일 외에 제 시간을 따로 갖도록 해 주면 가겠다고 했습니다. 다행히 이러한 조건이 받아들여져서 저는 그 학원에서 선생 겸 총무로 일하게 되었습니다.

근무 조건은 더 없이 좋았습니다. 월급을 받는 데다 제 일도 할 수 있었으니 말입니다. 아마 이때 처음으로 아내에게 월급이라는 것을 받아서 가져다주었던 것 같습니다. 한 달에 3만 원 정도로 생활하다가 갑자기 70만원이라는 거금이 생겼습니다. 아내는 '오늘만 같아라!' 하며 좋아했습니다. 그리고 제가 컴퓨터학원을 잘 다녀 주기를 기도하는 눈치였습니다.

그러나 아내에게는 그 기쁨도 한두 달뿐이었고, 저는 월급을 선교회 인쇄물과 광고비 비용으로 모두 사용했습니다.

다행히 개원한 개포동에 있는 컴퓨터학원이 잘 운영되었습니다. 당시 개포동에서 제일 유명한 학원으로 이름을 날렸으니까요. 대부분의 원생들은 초등학생이었는데, 제 반에 들어오려고 줄을 섰습니다. 왜냐하면 저는 원장선생님이 못 들어오도록 문을 걸어 잠그고 1시간 중 40분은 오락을 하고 20분만 교육을 했기 때문입니다. 저는 아이들과 매일 오락을 하며 지냈습니다. 물론 이것은 비밀이었습니다. 그때는 테트리스가 처음 선보일 때였습니다. 아이들은 이것보다는 좀 더 화려한 게임을 했는데, '자낙'이라는 것이었습니다.

당시 MSX 컴퓨터는 게임과 학습공부용으로 팩을 만들어 꽂아서 사용할 수 있었습니다. MSX 8비트 기종은 별로 좋은 컴퓨터는 아니었지만, 특이한 것은 영상처리가 탁월했다는 점이었습니다. 이것은 Apple과 IBM 컴퓨터에서는 불가능했습니다. 당시 8비트 컴퓨터는 업무용이 아니라 학생용 학습 컴퓨터였습니다.

또한 학생들은 가끔 저도 모르는 문제를 물어보곤 하였습니다. 그러면 저는 학생들의 머리를 한 대 쥐어박고 "더 생각해 봐! 그것도 못

풀어?"라고 야단쳤습니다. 그러면 학생들은 곰곰이 생각하다가 결국은 문제를 풀고서는 "선생님! 해결했어요!"라고 말하면서 좋아했습니다. 저는 아이들을 이런 방식으로 가르쳤습니다.

당시 컴퓨터학원 교육과정은 베이직, 퍼트란, 코볼이었는데, 이것은 마치 원칙처럼 굳어져서 3단계 과정으로 가르쳤습니다. 하지만 저는 왜 아이들에게 이런 교육을 시켜야 하는지 이해가 안 되었습니다. 10년 후면 존재하지 않을 컴퓨터 언어라고 생각했기 때문입니다. 당장은 쓸데없는 것을 가르치는 것 같은 생각이 들었지만, 꼭 그런 것만은 아니었습니다. 이것은 컴퓨터를 이해하는 데 필요한 기초지식을 쌓도록 도움을 주었습니다. 왜냐하면 지금도 누구나 컴퓨터 프로그래밍 언어를 배울 수 있는 것은 아니기 때문입니다. 이 세 가지(베이직, 퍼트란, 코볼)는 모두 프로그램 언어인데, 재미있는 것은 처음 '베이직' 과정에서 오히려 논리와 진짜 프로그래밍 언어를 맛볼 수 있다는 것입니다. '퍼트란'은 계산용이었고, '코볼'은 데이터베이스 프로그램입니다.

강남 아이들은 무엇을 배우고 싶어서 학원에 다니기도 했지만, 부모님이 아이들을 뺑뺑이 돌리려고 무조건 서너 개의 학원에 경쟁적으로 보낸 경우가 더 많았습니다.

당시는 MSX 8비트 컴퓨터와 스티브잡스의 초기 작품이었던 애플 8비트가 있었습니다. IBM 16비트 컴퓨터는 가격이 비쌌기 때문에 학원에는 한두 대 정도만 있었습니다. 그 당시 애플 컴퓨터를 가르칠 수 있는 교사를 뽑는다는 것은 어려운 일이었습니다. 애플은 일반 컴퓨터와 구조가 달라서 잘 이해해고 가르칠 수 있는 교사가 전무한 상태였습니다. 그러다 보니 이 애플 컴퓨터를 배우겠다고 저에게 많은 학생들이 몰려왔습니다.

재미있는 것은 학생들에게 컴퓨터를 가르쳤지만, 정작 학원에서는 실제로 필요한 프로그램을 만들지 못했다는 것입니다. 그래서 저는 학원 관리 프로그램을 개발했고, 선생님을 위한 교육도 따로 했습니다. 이런저런 일로 저는 컴퓨터를 잘한다고 대치동, 개포동 일대에 소문이 자자하게 났습니다. 나중에는 주부반이 오전에 생겼는데, 저에게 꼭 배우겠다고 하는 아줌마 부대가 만들어졌습니다. 아이들에게 컴퓨터 교육을 시키면 아이의 성향이 나타납니다. 여자아이들은 컴퓨터 프로그래머의 논리를 이해하는 데 남자아이들에 비해 현저하게 떨어집니다. 남자아이들이 한 100명 중에 20명 정도가 논리에 강하다면, 여자아이들은 2명 정도밖에 되지 않습니다. 나중에 저는 어머니들에게 아이 적성에 대한 상담사 역할까지 했습니다.

이 덕분에 저는 강사료를 두둑하게 챙길 수 있었고, 이 돈은 컴퓨터선교회를 하는 데 큰 도움이 되었습니다.

컴퓨터선교회 홍보, How?

컴퓨터선교회를 하는 데 가장 큰 문제는 컴퓨터를 다루는 사람들의 모임이 없다는 점이었습니다. 그 당시에는 한국에서 최초로 발행

된 '마이크로 소프트웨어'(1983.11) 일명 '마소'라고도 불린 컴퓨터 프로그램을 소개하는 유일한 잡지가 있었습니다. 그래서 저는 이곳에 컴퓨터선교회를 소개해야겠다는 생각이 들었습니다.

이 잡지는 컴퓨터 프로그램에 관해서만 다루었기 때문에 제가 소개하려는 컴퓨터선교회와는 맞지 않았습니다. 또 종교적인 홍보내용을 실어 줄지도 문제였습니다. 그래서 저는 편지를 정성스럽게 써서 봉투에 풀을 붙였습니다. 그리고 책상 위에 편지를 놓고 손을 얹어 간절히 기도했습니다.

저는 다음 달 잡지가 나오기를 고대하며 기다렸습니다. 드디어 잡지가 나왔습니다. 책장을 넘기다가 제가 보낸 내용이 책의 하단에 반 정도 나온 것을 보았습니다. 가슴이 떨렸습니다.

'마소'의 홍보 내용을 보고 개포동에 있는 세원컴퓨터학원으로 사람들이 찾아오기 시작했습니다. 현재 미국에 있는 김능수 전도사가 찾아왔습니다. 아버지는 경희대학교 교회에서 목회를 하고 계셨고, 김능수 전도사는 총신대 신대원에 다니고 있었습니다. 이 친구는 첼로를 사려고 하다가 컴퓨터를 구입해서 사용하고 있었습니다. 당시 개포동까지 버스를 세 번 갈아타고 저를 찾아왔는데, 이 시간만큼 가슴 떨린 적이 없었다고 합니다.

또한 컴퓨터 프로그램 정보를 얻기 위해서 교회를 다니지 않는 사람들도 찾아왔습니다. 이때부터 저는 퇴근하고 혹은 공휴일마다 틈틈이 컴퓨터를 배우고자 하는 사람들과 어울려 지냈습니다. 당시에는 컴퓨터와 프로그램 정보를 공유할 수 있는 장이 없었기 때문에 사람들은 자주 저를 찾아왔습니다.

당시에 컴퓨터를 하던 분들은 대부분 대형 컴퓨터 전문가들이었습니다. PC가 대중화되기 전이었기 때문에 컴퓨터를 직업으로 하던 사람들이었습니다. 은행, 보험회사, 심지어는 경찰청 등 국가기관 등에서 일하는 분들도 있었습니다.

이때부터 나중에 안 사실이지만, 저는 국가기관의 감시대상이 되어 있었습니다. 아마 컴퓨터를 하는 사람들을 몰고 다녔기 때문에 저를 위험인물로 보았던 것 같습니다.

최초의 기독교용 프로그램 개발

이때 처음으로 기독교용 프로그램 개발 계획을 세웠습니다. 관리용 프로그램은 금방 만들 수 있었기 때문에 저는 교회종합관리 Ver1.00 소프트웨어(1988. 7.15)를 개발했습니다.

그리고 당시로써는 생각하기 어려운 성경 프로그램 개발 계획을 세웠습니다. 그러나 두 가지 문제가 생겼습니다. 이것을 PC에서 운영하도록 하는 프로그램 문제와 성경 데이터 입력 문제였습니다.

지금은 컴퓨터용 성경 데이터가 많이 있지만, 당시에는 PC를 가지고 있는 사람이 드물었기 때문에 성경을 입력하는 문제는 보통일이 아니었습니다. 저는 집으로 돌아가면 매일 밤 성경을 입력했습니다. 낮에는 집사람이 밤에는 제가 교대로 입력했습니다. 또 한두 분이 입력해 가져온 것은 프린트를 해서 교정 작업을 거쳤습니다.

큰 건물을 만들려면 작은 건물이나 기구들을 만들어야 하는 것처럼 저는 작은 보조 프로그램들도 많이 만들었습니다. 당시에는 PC 속도에 한계가 있었기 때문에 성경 전체를 움직인다는 것은 보통 문제가 아니었습니다. 데이터 작업을 위해서 프로그램을 걸어 놓고 권별로 마치면 마지막에 '삐리릭' 소리를 나게 하여 밤새도록 작업을 걸어 놨습니다. 그리고 또 '삐리릭' 소리가 울리면 자다가 일어나서 집사람과 작업을 교대했습니다.

저는 약 1년간의 작업을 거쳐 드디어 1989년 8월 20일에 최초의 한영비교성경 소프트바이블을 개발했습니다. DOS 창을 두 개로 내어 한쪽에는 영어성경을, 한쪽에는 한글성경이 보이도록 했는데 당시 DOS 시대에는 획기적인 프로그램이었습니다. 내부 데이터베이스 프로그램은 DB3에서 호환이 가능한 클리퍼를 사용하였습니다.

소프트바이블은 당시 PC 보급의 한계가 있었기 때문에 사실 별로 활용은 못했지만, 최초의 한영비교성경이 나왔다는 점에서 기독교인들보다도 오히려 컴퓨터에 관심이 많은 분들에 의해 일반 사회에서 큰 이슈가 되었습니다. 소프트바이블 성경 프로그램은 업무용 프로그램도 감당하기 쉽지 않은 PC의 활용 범위를 넓혔다는 점에서 주목받기 시작했습니다.

이때부터 교회나 선교회가 아닌 컴퓨터와 관계된 분야와 일반 사회 신문에서 관심을 두기 시작했습니다. 저는 또한 선교의 주방향을 일반 사회의 컴퓨터 전문인들에게 복음을 전하는 일로 정했습니다. 그 결과 초창기 한국컴퓨터선교회는 기독교계나 선교계보다는 컴퓨터계에 더 알려지게 되었습니다.

컴퓨터선교회 전시회 첫 참가

'88복음화 대성회' 기간(1988.8.13-17) 동안 여의도 기계공업진흥회관에서 '기독교종합전시회'가 동시에 개최되었습니다. 저는 이 전시회에 참가하기로 결정했습니다. 그런데 문제는 전시회에 출품할 컴퓨터가 한 대밖에 없다는 것이었습니다. 그래서 학원에 있는 16bit 컴퓨터 두 대와 회원들에게 부탁하여 컴퓨터를 몇 대 더 구해서 나갔습니다. 제가 컴퓨터를 10대 정도 전시해 놓았더니 당시에 참관하신 분들은 한국컴퓨터선교회가 상당히 부자 선교회인 줄 아셨던 것 같습니다. 보통 사람들은 '전시장에 컴퓨터를 10대 가지고 나오면 사무실에는 10대 이상 있겠지' 하고 생각하는 것 같습니다. 이것이 한국컴퓨터선교회라는 단체가 공식적으로 한국교계에 얼굴을 내민 것이었습니다.

그러나 이때 사실 한국컴퓨터선교회는 무엇을 팔거나 하지는 않았기 때문에 별 소득은 없었습니다. 그러나 전시회 기간 동안 의미 있는 만남은 두 번 있었습니다.

제 아내가 학교를 다니다가 생활고로 어려움을 겪게 되자 저에게 학교를 그만두겠다고 몇 번 말한 적이 있습니다. 그러나 저는 아내에게 학교에서 오지 말라고 해도 가야 하는 상황에 뭐 하러 미리 그만 두냐고 했습니다. 이렇게 경제적으로 어려운 상황에 있던 저는 전시장에서 우연히 여의도순복음교회 장로님 한 분을 만났습니다. 저는 장로님에게 별로 이야기를 한 것이 없는데, 그분은 제 아내의 신학교 등록금을 1년 동안 내 주시겠다고 했습니다. 저는 그 장로님께 너무 감사했습니다. 저는 학교 다닐 복이 없는데, 제 아내는 신기하게 학교에 잘 다닙니다. 또 아내는 3학년 때 여학생 회장을 해서 학비를 면제받았습니다. 제가 학비를 대준 기억이 없는데, 제 아내는 무사히 4년제 신학대학교를 모두 마쳤습니다.

그리고 또 한 분, 차재완 장로님을 만났습니다. 장로님께서는 KBS에서 음향 담당을 하셨던 분입니다. 그분의 전시장은 바로 우리 옆에 있었습니다. 그런데 장로님이 바쁘셔서 전시 기간 동안 잘 참석을 못하셨기 때문에 때때로 저희가 대신 봐 드리기도 했습니다. 또 그분은 제 아내와 성이 같았는데, 차 씨는 족보가 하나이기 때문에 서로 잘 통해서 알게 되었습니다.

그 당시는 카세트 녹음테이프 시대였습니다. 차재완 장로님이 별도로 운영하시는 선교회가 있었는데, 그것은 '농어촌방송선교회'였습니다. 그곳에서는 서울 지역 유명 교회 목사님들의 설교나 강좌를 녹음하여 시골교회나 낙도교회 목사님에게 보내드리는 일을 했습니다. 그리고 1년에 한두 차례 농어촌교회 목사님들 1,2백 명을 서울로 초대해서 KBS 방송국을 견학시켜 주고 음식을 대접하시는 일을 하셨습니다.

차재완 장로님의 사모님은 예전 라디오 프로그램 "아차부인 재치부인"에서 재치부인 역을 하셨던 성우 최수민 권사님입니다. 특별히 아동 역할 성우를 많이 하셨는데, 우리에게 익숙한 어린이 TV 프로그램에서 많은 활동을 하신 분입니다. 이때의 인연으로 나중에 한국컴퓨터선교회에서 "전돌이 성경여행" 프로그램을 녹음해 주셨습니다.

차재완 장로님은 늘 시골교회 교역자분들에게 녹음테이프를 보내 드리고, 서울로 초대하셔서 목욕시켜 드리고, 음식을 대접해 드리고, KBS 방송국을 견학시켜 드리면서 가지고 있던 돈이 거의 바닥나서 사는 집을 전세에서 월세로 옮겨 어렵게 사셨습니다. 이 사실은 최수민 권사님이 저희에게 말씀해 주신 것입니다.

1998년에 우리 선교회는 전돌이 성경여행 CD를 만들고 서울 영락교회에서 여름성경학교 교사 강습회를 자체적으로 열었습니다. 이때 최수민 권사님을 강사로 모셨습니다. 그런데 권사님이 너무 좋은 차를 타고 오시는 것이었습니다. 저는 깜짝 놀라 이게 어떻게 된 것이냐고 여쭈어 보았습니다. 그랬더니 "우리 태현이가 뜨잖아!" 하고 말씀하시는 것입니다. 저는 예나 지금이나 연예인들은 잘 모르는데, 어쨌든 둘째 아들 태현이가 떴다는 겁니다. 그래서 어떤 광고회사에서 차를 공짜로 주었다고 했습니다. 또 권사님은 "우리 집도 옮겼어!" 하고 말씀하셨습니다.

하나님은 농어촌 교회 목사님들을 사랑하시고 지극 정성으로 도와드렸던 차재완 장로님에게 그렇게 아들을 통해서 갚아 주시고 계셨습니다.

사무실 이전

사무실을 영등포에 있는 어머니회관(당시)으로 이전했습니다. 이 사무실은 20평을 사용하시던 분이 전세로 10평씩 별도로 나누어 쓰자고 해서 들어갔습니다.

저는 사무실 전세금이 없어서 안양 인덕원에서 살던 전셋집 300만 원을 빼냈습니다.

영등포에 있는 어머니회관 사무실에 들어갈 때 사무실만 이사 간 것이 아니라 우리 집 이삿짐도 함께 들어갔습니다. 아무에게도 들키지 않게 이사하려고 공휴일 밤에 이삿짐을 날랐습니다.

그러나 수위 아저씨까지 속일 수는 없었습니다. 수위 아저씨는 남의 사무실 안쪽에 10평을 사용하는데, 그것을 또 반으로 나누어서 그 안에 장롱과 살림살이가 함께 들어가는 것에 난색을 표했습니다. 그런데 이미 이삿짐 차가 와 있고 저는 서둘러서 이삿짐을 옮겼기 때문에 얼떨결에 일반 사무실 건물에 가정집이 들어가게 되었습니다.

솔직히 그때 제 마음이란, 지금도 비슷하지만 감옥에 끌려갈 때보다 더 힘들었던 것 같습니다.

우리가 살게 된 곳은 베란다를 넓힌 공간이었습니다. 창틀은 하나인데 바람이 술술 들어왔습니다. 또 남의 사무실을 통과하여 선교회

사무실과 집에 들어가야 하니 너무 불편했습니다. 이 10평 사무실에서 6개월 정도 살았습니다.

저는 이때까지 컴퓨터학원을 다녔는데 10시에 퇴근하면 새벽 3시까지 선교회 일을 혼자 했습니다. 제가 견딜 수 있었던 것은 앞의 다른 사무실이 퇴근하고 난 다음에 우리가 밤에 들어가 살았기 때문에 가능했습니다. 저희 집사람하고 둘이 어떤 때는 앞쪽 사무실이 퇴근할 때까지 기다렸다가 들어가곤 했습니다.

그리고 본격적으로 선교회에 치중하기 위해서 컴퓨터학원을 그만두었습니다.

사무실은 다행히 한층 아래로 내려와서 20평을 단독으로 사용했습니다. 혼자 다 사용할 수 있다는 것만으로도 기뻤습니다. 안쪽에 5평 정도는 이전과 마찬가지로 방으로 꾸며서 사용했습니다. 이곳을 다녀가신 분들은 서만수 선교사님을 비롯하여 많은 분이 있습니다. 그러나 우리 사무실 안쪽에 살림살이가 있다는 것을 아는 사람은 없었습니다.

베란다를 방으로 만들어 사용했기 때문에 창문 하나에 의지하여 겨울을 보내야 했습니다. 너무 추웠기 때문에 완전히 바람이 들어오지 않게 창문을 비닐로 막았습니다. 차가운 바닥에는 전기장판을 놓았습니다.

그러나 문제는 이것으로 끝나지 않았습니다. 방 귀퉁이에 가스를 설치하여 주방 비슷하게 꾸미기는 했는데, 수도가 없었습니다. 아내

가슴 뛰는 스마트 선교사

는 하는 수 없이 밖에 나가 공중 화장실에서 물을 길어 와 설거지를 해야 했습니다. 아니면 다른 사람들이 퇴근할 때까지 기다렸다가 나가서 설거지를 하고 들어왔습니다. 물론 씻는 것도 문제였습니다.

퇴근시간이 지나면 각 층의 철문을 수위 아저씨가 닫았습니다. 복도로 나오기 전에 철문이 하나 있었습니다. 이 문을 '쾅' 하고 닫을 때면 우리는 도둑처럼 가슴을 조아렸습니다. 우리가 여기 살고 있다는 것을 수위 아저씨는 알았지만, 그냥 닫아 버렸고 우리는 그냥 모른 척했습니다.

감옥에서도 화장실은 방안에 붙어 있었습니다. 그런데 여기는 방안에 화장실이 없다 보니 이게 제일 큰 문제였습니다. 창피한 이야기이지만, 오줌 통으로 사용하던 플라스틱 통은 나중에 구멍이 났습니다.

"어느 날 갑자기 배가 아팠습니다. 화장실을 가고 싶었습니다. 하는 수 없이 신문지를 깔고 일을 보았습니다. 그리고 이것을 처리하기 위해서 문을 열고 멀리멀리 날려 보내려고 신문지를 붙잡고 빙빙 돌렸습니다. 그러다 그만 신문지가 터져서 천장과 벽, 바닥에 배설물이 다 쏟아졌습니다. 그래서 밤새도록 닦고 치웠습니다."

꿈이었습니다. 밤새 잠을 제대로 못 이루었습니다. 이런 생활을 10년 동안 했습니다.

(이후의 제가 해 온 한국컴퓨터선교회 사역은 이곳에 요약되어 있습니다. => http://kcm.co.kr/kcm/kc1-2.html)

선교회 회원가입 1호

저는 선교회 회원가입 신청서를 만들었습니다. 칼라로 인쇄했더니 몇십만 원이 들었습니다. 가입 회비는 만 원이었습니다.

회원가입을 하려는 사람들은 대부분 "회원가입을 하면 무엇을 줍니까?"라고 물어보지만, 이렇게 물어본 사람 중에 정작 가입한 사람은 아무도 없었습니다.

드디어 선교회 첫 회원으로 가입하겠다는 분이 나타났습니다. 그분은 자신이 우리 사무실로 갈 수 없는 상황이라며 저보고 자신의 집으로 오라고 하셨습니다. 다행히 연남동과 가까운 곳이라서 찾아갈 수 있었습니다. 커다란 안테나가 있는 집을 찾으면 된다고 했습니다.

이분은 아마추어 햄을 사용하시는 분 중에는 전설적인 인물이었습니다. 우리나라는 북한과 대치중에 있었기 때문에 아마추어 햄을 거의 사용하지 못했습니다. 밤에 "똑, 똑, 똑" 하고 무전기를 사용하면 신고하던 시대였습니다.

그러나 미국은 말할 것도 없고 일본, 러시아까지 아마추어 햄은 보편화되고 있었습니다. 우리나라가 민주주의라는 것을 보여 주기 위해서라도 아마추어 햄을 사용해야 했습니다.

결국 1955년에 한국 아마추어 무선연맹(KARL, Korean Amateur Radio League)이 창립되었고, 1959년 7월 서울대학교 문리과대학에 실험무선국 HL2AA의 호출부호로 최초의 아마추어 무선국이 허가되었습니다.

가슴 뛰는 스마트 선교사

그런데 말이 아마추어이지 정부와 관계된 사람만 거의 사용할 수 있었습니다. 지금 북한도 아마추어 햄 무선사들이 가끔 나오지만, 진짜 아마추어는 거의 없습니다.

선교회에 가입을 하겠다고 연락하신 분은 호출부호 HL1JE(아마 3 전신)를 사용하는 정철영 무선사였습니다.

저는 집으로 찾아가서 정철영 권사님을 만났습니다. 그러나 이분은 '근육디스트로피: 근육병'(Progressive Muscular Dystrophy : PMD)이란 병을 앓고 있었습니다. 이것은 중추신경계나 말초신경계의 신경에는 손상이 없는 상태에서 근육 자체에 문제가 발생하는 질병입니다.

이 병은 DNA가 완전히 분석되기 전까지는 원인도 몰랐습니다. 당시 제가 정 권사님을 만났을 때도 그 병의 원인을 몰랐을 때였습니다. 그때 저는 정 권사님을 비롯해서 이런 병을 앓고 있는 사람을 찾아내서 '잔디회'라는 단체를 만들었습니다.

나중에 DNA 분석 결과 그 원인을 알게 되었는데, 이 병은 "수의근의 약화와 진행성 퇴보로 특징지어진 만성적인 유전성 질환"으로 밝혀졌습니다. 근육디스트로피는 유전성이고 유전자 결함에 의한 진행성 질환이었습니다. 주로 세 가지의 특징이 나타나는데, 유전성이고, 진행성이고, 근육 약화의 선택적인 형태를 가지고 있습니다. 제가 지켜본 바로는 어렸을 때 이 병을 앓게 된 환자 중에 20대에 하늘나라로 간 사람도 있었습니다. 간혹 40대를 넘기는 분들이 있는데, 그분들은 거의 누워서 생활했습니다.

매일 앉아서 생활해야 하는 정 권사님에게 아마추어 햄은 그분께 날개를 달아주었습니다. 혼자서 아마추어 햄으로 일본 사람을 만나 일본어를 능숙하게 익히고, 나중에는 일본 사람들에게 아마추어 햄으로 3년 이상 한글을 가르쳐 주기도 했습니다.

이 뿐만 아니라 권사님은 특허기술을 여러 개 가지고 있었습니다. 저는 나중에 아마추어 햄을 하시는 분들을 위해서 'HAM2000' 프로그램을 개발하기도 했습니다. 저와 이 권사님은 여러 가지로 통하는 게 많아 저는 그분 댁에 자주 놀러갔고 잔디회와 가깝게 지냈습니다.

한번은 여름 수련회에 갔던 적이 있습니다. 수련회 장소가 시골의 어느 폐교 초등학교였는데, 교실에서 모기향을 피고 잤습니다. 그런데도 모기가 얼마나 많은지 다리를 계속 물었습니다. 저 같은 경우는 손으로 탁 치면 모기가 도망을 갔는데, 근육병을 앓던 어린아이들은 모기를 쫓지도 못하고 울기만 했습니다. 그래서 저는 그때 밤새 모기를 쫓았습니다.

정철영 권사님은 초등학교 3학년 때 이 병을 처음 발견했다고 합니다. 수업시간에 달리기를 하는데, 갑자기 다리에 힘이 풀리고 자꾸만 넘어졌다고 합니다. 그런데 선생님은 자꾸만 넘어진다고 자신을 때렸는데, 그것이 아직까지 상처로 남아 있다고 했습니다. 나중에는 걷지 못하게 되어서 초등학교를 더 이상 다닐 수 없었다고 합니다.

권사님이 한번은 혼자 서울에 가려고 고속버스에 타셨다고 합니다. 그런데 기사 아저씨는 보호자가 없어서 혼자는 탈 수 없다고 했습니다. 그러다 결국 간신히 허락을 받아 안전띠를 매고 서울로 오는데 버스가 가다가 브레이크를 밟으면 상반신이 앞으로 숙여지고, 또 가만있으면 다시 상반신이 뒤로 눕혀져서 화장실을 가는 것은 엄두도 못 내고 힘들게 서울에 오셨다는 말을 들었습니다.

제가 한번은 권사님을 제 차에 태우고 대전에 내려가다가 앞차를 박아 접촉사고를 냈습니다. 저는 권사님을 끌어내릴 자신이 없어 견인차를 불러 그냥 목적지까지 간 적이 있습니다.

저는 한국컴퓨터선교회 5주년 행사 때 잔디회 회원들을 초청해서 음악회를 열었습니다. 잔디회 회원들이 "똑바로 걷고 싶어요"라는 노래를 부를 때는 모두가 눈물을 흘렸습니다. 잔디회 친구들은 시를 잘 쓰는 사람이 많았습니다. 그 시를 복음송으로 만들기도 했습니다.

저는 권사님의 집을 나서면서 회원가입을 안 하셔도 자주 들릴 테니 걱정하지 않으셔도 된다고 했지만, 권사님은 회원가입은 별개라면서 만 원을 주셨습니다.

그분은 한국컴퓨터선교회 첫 번째 회원이 되셨습니다.

첫 강사로

어느 날 사무실로 중년의 한 신사가 찾아오셨습니다. 저는 그분이 누구인지 전혀 알지 못했습니다. 언제나 그랬던 것처럼 저는 컴퓨터선교회 비전에 대해서 거의 거품을 토하는 수준으로 이야기를 했습니다. 당시에는 사람들만 만나면 그 이야기를 했습니다.

그분은 의외로 제 이야기를 경청해 주셨습니다. 지금까지 이런 사람은 만나보지 못했습니다. 신이 난 저는 더 많은 이야기를 꺼냈습니다. 그 후에도 그분은 몇 번 더 저를 찾아오셨습니다.

그때까지도 저는 이분에 대해서 별로 관심이 없었습니다. 그런데 그분은 제 이야기를 들으시더니 이 이야기를 좀 더 많은 목사님들에게 들려주면 좋겠다고 하시면서 저에게 강의를 하러 한번 오라고 했습니다. 저는 그 자리가 어떤 자리인지, 또 어떤 분들이 오시는지 잘 몰랐지만, 일단은 그렇게 하겠다고 했습니다.

그러고는 강의를 하러 세미나 장소에 갔습니다. 제 생애 최초로 공개된 장소에서 강의를 하게 된 것입니다.

세미나 장소에 가 보니 저를 이곳에 불러 주신 분은 서울 안동교회 유경재 목사님이셨습니다. 당시 목사님께서는 '바른목회협의회'라는 그룹을 조직하셨는데, 이곳에서 제가 강의를 하게 된 것이었습니다. 순전히 회장님이신 유경재 목사님의 독단으로 저를 부르신 것 같았습니다.

바른목회협의회는 예장통합측 중견 목사님들 약 500여 명이 회원으로 이루어진 단체였습니다. 목사님들 몇백 명이 참여한 장소에 교단도, 소속도 없는 전도사가 그것도 강사로 참여한 것입니다. 저보다 앞에서 강의하신 분은 장신대 교수님이셨고, 제 뒤로 강의하실 분은 서울대 교수님이셨습니다.

가슴 뛰는 스마트 선교사

지금 생각해 보면 완전히 이론도, 논리도, 주제도 없는 강의를 했던 것 같습니다. 다행히 강의 도중 한두 번은 목사님들이 잘 웃어 주셔서 '완전히 죽을 쑨 것은 아니구나.' 하고 생각하면서 강의를 마쳤습니다.

그 후에도 어떤 단체에서 강의 요청이 와서 강의를 하러 갔는데 그때는 완전히 창피를 있는 대로 당했습니다. 그 후로 저는 목사님들 앞에서는 절대로 강의하지 않았습니다.

원어성경 프로그램 개발

저는 '소프트바이블II'라는 성경 프로그램을 개발했습니다. 이것은 윈도우용으로 당시 구약 BSS, 신약 UBS3판 히브리어, 헬라어 성경원문과 스트롱 코드를 한글성경과 함께 연결한 최초의 프로그램이었습니다.

저는 이 프로그램만 개발되면 성경연구에 획기적인 변화가 있을 것이라고 생각하면서 얼마나 흥분했는지 모릅니다. 당시 윈도우용으로 이러한 프로그램이 한국교회에 존재한다는 것 자체가 자랑이었습니다.

저는 헬라어, 히브리어 폰트와 키보드 좌판의 배열까지 만들었습니다. 이 프로그램 이야기만 해도 밤을 새울 만큼 많지만, 선교회에서 제일 공들여 만든 야심 찬 프로그램이라는 것만 알아 주셨으면 좋겠습니다.

저는 프로그램을 만들기 위해서 미국에서 프로그램언어인 C++를 사 왔습니다. 보통 새로운 프로그래밍 언어가 나오면 이것을 빨리 이해해도 익히는 데 6개월 이상이 걸립니다. 또한 한국어로 번역하는 데 6개월이 필요합니다. 그리고 이것을 보고 배우는 데 또다시 6개월 이상이 걸립니다. 이 정도만 되어도 빨리 익히는 것입니다.

그래서 저는 기다리는 시간이 너무 아까웠습니다. 한번은 조르텍 C가 막 나와서 미국에 주문을 했는데, 오는 도중에 분실되어 도착하지 않았습니다. 그래서 저는 기다리지 못하고 또다시 주문했는데, 결국은 먼저 주문한 것이 다시 도착해서 두 개를 받기도 했습니다.

우여곡절이 많았지만, 저는 프로그램 언어와 싸웠고, 또 당시 한계가 많았던 하드웨어 문제를 극복하기 위해 노력했습니다. 왜냐하면 프로그램을 개발한다고 해도 특별한 사양의 기종에서만 운영된다면 모든 사용자에게 비싼 컴퓨터를 사라고 요구해야 하기 때문입니다.

수많은 난관을 헤치며 얼마나 많은 밤을 지새우면서 개발에 몰두했는지 모릅니다. 또 수많은 데이터 정리와 입력 등의 작업도 만만치 않았습니다.

저는 개발을 끝내고 발표회를 하고 나면 성경연구와 관심에 지대한 변화가 생길 것이라고 생각했습니다. 그러나 어느 정도의 반응은 있었지만, 기대에는 미치지 못했습니다.

제 생각에는 목사님들이 성경연구를 위해서라면 컴퓨터를 새로 구입해서라도 하실 줄 알았습니다. 그런데 생각보다 컴퓨터에 대해

가슴 뛰는 스마트 선교사

두려워하고, 성경연구에는 별 관심이 없는 것 같아서 마음이 아팠습니다.

처음으로 나를 격려해 주신 교수님

미국에서 막 공부를 마치고 한국에 들어오신 총신대 구약학 김의원 교수님이 계셨습니다. 그 교수님은 컴퓨터에 관심도 많으셨고, 미국 신학교에서 최근까지 공부하고 오셨기 때문에 제가 개발한 프로그램을 남다르게 봐 주셨습니다. 교수님은 이 프로그램은 세계에 내놓아도 손색이 없다고 하시면서 어떻게 이런 것을 만들었냐고 감탄하셨습니다.

그리고 저와 집사람을 초청해 주셔서 맛있는 저녁을 사 주셨습니다. 우리 부부가 우아하고 멋있는 식당에서 대접받은 것은 처음이었습니다. 저는 갑자기 상류사회로 진출한 것 같았습니다.

이런 인연으로 교수님을 한국컴퓨터선교회 10주년 대회(횃불회관) 때 강사로 모셨습니다. 그리고 강사비를 받지 않으시겠다는 것을 강제로 드렸더니, 나중에 선교회 통장으로 다시 보내 주셨습니다.

컴퓨터 AS 중 일어난 일

모든 일이 다 그렇듯 자신이 좋아하는 일만 계속 할 수는 없습니다. 저는 불가피하게 하드웨어를 판매하고 A/S도 하면서 약간의 수고비를 챙겨 선교회 운영자금으로 사용했습니다. 물론 초창기부터 이런 일을 하다 보니 컴퓨터 선교회가 장사하는 곳으로 오해받기도 했습니다.

또 가끔 가슴 아픈 일들도 일어났습니다. 어느 장로님이 자기 아들이 사용하는 컴퓨터라고 봐 달라고 맡기셨는데, 점검을 하다가 우연히 음란물 파일들이 여기저기 있는 것을 발견했습니다.

저는 그 파일들을 삭제하고 사모님이 오셨기에 집사람을 통해서 이 사실을 조용히 알려 드렸습니다. 그랬더니 갑자기 저와 집사람에게 우리 아들을 어떻게 보고 그런 소리를 하냐고 호통을 치셔서 난처했던 일이 있었습니다. 10대 후반의 청소년들이 이성에 호기심을 갖는 것은 자연스러운 일입니다. 따라서 바른 지도가 필요합니다.

저는 사람 이름을 잘 기억하지 못하기 때문에 다행일 때가 많습니다. 이름을 다 기억하면 실수로 말하게 되는 경우가 있는데, 사람 이름을 기억 못하니 어떤 사람을 흉보려고 했다가 그만두는 경우가 많기 때문입니다.

그런데 어느 한 분의 이야기는 해야겠습니다. 그 당시는 모니터가 허클리스 흑백카드에서 VGA 칼라로 넘어갈 때였습니다. 지방에 계신 목사님이 저에게 VGA 카드를 구입해서 설치해 주면 물품대금을 주시겠다고 하셨습니다. 그래서 23만 원짜리 VGA 카드를 구입해서 지방에 내려가 설치해 드렸습니다.

그런데 물품대금을 차일피일 미루면서 안 주시는 것이었습니다. 시간을 내고 차비를 들여서 설치해 드린 수고비는 못 받아도 부품 원

가슴 뛰는 스마트 선교사

금은 받아야 했는데, 안 주시는 것이었습니다.

집사람이 한 달 후쯤에 전화를 또 드렸습니다. 그때 목사님이 하시는 말씀이 자기 딸 미국 유학비용 때문에 돈이 없다고 하셨습니다. 집사람은 할 말을 잃고 전화를 끊었습니다. 저는 찾아가서 VGA 카드라도 다시 뽑아오고 싶었지만 그만 두었습니다.

아내의 꿈?

제 아내의 소원은 아파트에 사는 것입니다. 그런데 마침 좋은 기회가 왔습니다. 어느 날 아내는 친구를 만나고 와서는 꿈에 부풀어 있었습니다. 일산 중산마을에 짓고 있는 아파트 모델하우스를 보고 온 것입니다.

아내는 친구의 도움을 받아 아파트 청약을 하고 왔습니다. 그리고 발표할 날을 손꼽아 기다렸습니다. 아내는 모든 인생의 희망을 거기에 거는 것 같았습니다. 아내는 매일 같이 그 아파트 모델하우스 그림을 보며 저에게 여기가 어디고, 여기에 무엇이 있고 끊임없이 자랑했습니다. 그리고 이렇게 좋은 아파트가 싸게 나온 경우가 없다고 하면서 아파트 추첨 발표날만을 기다렸습니다.

아파트 추첨일이 되어 드디어 아내는 모델하우스에 다녀왔습니다. 그런데 어깨가 축 처져 들어왔습니다. 그러고는 이불을 푹 뒤집어쓰고 아무 것도 하지 않았습니다. 거의 살아갈 희망이 없다고 생각한 것 같았습니다.

저는 할 말을 잃었습니다. 상식적으로 생각을 해도 저는 제 아내의 마음을 이해할 수 있었습니다. 아무리 순종을 잘 하는 아내지만, 이제는 한계가 온 것입니다.

가정집으로 살 수 없는 열악한 환경에서 십 년을 넘게 살았습니다. 전기장판에다 추운 겨울에 바람이 들어오는 것은 별것 아니라 생각해도, 밥하고 빨래하느라 숨어서 들락날락하기를 십 년째입니다.

우리에게 아이가 없는 것은 계획한 일은 아닙니다. 그러나 이런 환경 속에서는 키울 수도 없었겠지요. 저는 우리에게 아이가 없는 것은 우리 나름대로 하나님의 축복이라고 생각했습니다.

소년원 아이들과

동대문에서 어느 장로님이 컴퓨터 회사를 차려 보겠다고 저를 찾아오셨습니다. 이분은 동대문에서 봉재공장으로 성공하셨던 분인데, 이제는 컴퓨터 사업을 해 보고 싶다고 하셨습니다.

그리고 저와 나이가 비슷한 젊은 분과 함께 오셨는데 그분은 서울대학교에서 경영학을 공부하셨습니다. 그분은 굉장히 큰 휴대폰을 가지고 있었습니다. 무선으로 전화가 여기저기서 걸려왔는데, 얼핏 봐도 대단한 분인 것 같았습니다.

그런데 장로님은 컴퓨터 회사를 하면서 사회 사업도 함께하고 싶다고 하셨습니다. 자신이 소년원에 컴퓨터를 기증하고 싶은데, 그 일을 저보고 좀 맡아 달라고 하셨습니다.

가슴 뛰는 스마트 선교사

그래서 군포에 있는 소년원에 컴퓨터 50대를 기증하기로 했습니다. 그리고 제가 그 소년원을 방문해서 컴퓨터교육을 했습니다. 소년원에 들어온 아이들에게 컴퓨터를 가르치면서 그들과 많이 가까워졌습니다. 소년원에서 나올 때는 철장 서너 개는 빠져나와야만 했습니다.

교육이 끝나면 아이들은 철장 안으로 들어갔습니다. 제가 아버지를 마지막으로 볼 때 그 모습으로 끌려 들어갔습니다. 그리고 저는 그 철장을 뒤로 한 채 소년원을 나왔습니다.

세계선교지도

저는 재일대한기독교회 초청(1998년 9월 4일-11일)으로 일본 오사카를 방문했습니다. 그곳을 방문한 목적은 '컴퓨터, 인터넷 선교' 세미나에 참석하기 위해서였습니다. 공식 일정을 다 마치고 나니 시간이 좀 남았습니다. 저는 선교지에서 시간이 나면 첫 번째로 가는 곳이 있습니다. 바로 서점입니다. 그곳에 가면 일단 그 나라의 전반적인 것을 알 수 있는 자료와 책을 볼 수 있습니다. 뿐만 아니라 그 나라 사람의 지적 수준을 알 수 있습니다. 일본은 역시 제가 생각하고 있던 수준 이상이었습니다. 틈만 나면 책을 읽는 사람이 많았습니다. 제가 본 동양인 중에서는 일본인이 제일 독서에 대한 열정이 높은 것 같습니다.

만약 선교여행을 마치고 돌아와 영상이나 프레젠테이션 작업을 하실 분이 있다면 그 나라 전통음악 CD를 사 오는 것도 좋습니다.

저는 일본의 기독교 상황을 파악하기 위해 기독교 서점에 갔습니다. 일반 서점에 비하면 그 규모가 현저하게 작다는 것을 알 수 있었습니다. 그런데 한 귀퉁이 벽에 붙여진 지도가 한 장 눈에 들어왔습니다. '세계선교지도'(世界宣敎地圖, クリスチャン新聞, 1997)였습니다. 당시 우리나라에도 선교지도가 전혀 없었던 것은 아니었지만, 전체적으로 볼 만한 지도가 없었습니다. 기독교인이 1% 미만인 나라에도 선교지도가 있는데, 해외선교사 파송 2위국을 자청하는 우리나라에는 제대로 된 정보는 고사하고 지도 한 장조차 없다는 사실이 안타까웠습니다.

한국으로 돌아오자마자 저는 '세계선교정보연구원'들을 모아놓고 밤새도록 세계선교지도를 만들어야 한다고 설득했습니다. 이 모임은 선교연구를 위해 만들어진 것이기는 하지만, 아직은 기도하는 모임에 불과했습니다. 어떤 프로젝트를 할 만큼 수준 있는 모임은 아니었습니다.

세계선교지도를 만든다는 것은 어려운 일이었습니다. 가장 큰 문제는 데이터 확보였습니다. 그러나 저는 일단 어렵다고 포기하면 아무 일도 못한다는 것을 알고 있었기 때문에 하얀 전지에 세계지도를 그려놓고, 그 위에 구상한 것을 표시하고 색을 칠해 보았습니다. 그럴듯한 지도가 그려졌습니다. 자신이 생겼습니다. 가능할 것 같았습니다.

당시 컴퓨터로 세계지도가 없었던 우리는 샘플 안을 가지고 을지

가슴 뛰는 스마트 선교사

로 인쇄소를 찾아다니기 시작했습니다. 드디어 어느 한 인쇄소에서 지도 제작이 가능할 것 같다고 했습니다. 당시에 그린 지도는 코렐드로우로 세계지도를 대략적으로 그린 것이었습니다. 정확한 지리지도가 아니고 통계지도로 사용할 것이었습니다. 며칠을 인쇄소에 가서 밤새 지도를 그렸던 정 연구원이 그 이후에도 세계선교지도를 모두 제작했습니다.

최초의 세계선교지도는 한국컴퓨터선교회 12주년 기념으로 KCM-MIR(Korea Computer Mission - Mission Information Researchers : 한국컴퓨터선교회 선교정보연구원)에 의해서 만들어졌습니다. 초판에는 다음과 같은 데이터들이 포함되었습니다.

개신교, 천주교, 정교회를 포함시켰지만, 개신교 분포를 10단계로 나누어 색을 구분해서 칠했습니다. 또한 복음화율이 낮은 국가를 붉은색 계통으로, 높은 국가를 파란색 계통으로 구분했습니다.

각 국가는 유럽, 아프리카, 아시아, 태평양, 아메리카로 구분하여 일련번호를 부여하고 KCM 국가별 선교정보에 이 번호를 고유번호로 해서 데이터를 구분해 나갔습니다. 그리고 지도에 표기하기 어려운 작은 지역은 주위 여백을 이용했습니다.

국가의 데이터는 다음과 같이 표기하였습니다.

번호, 나라 이름

인구수(인구성장률 %)

개신교 % / 천주교 % / 정교 %

사역선교사 수 / 파송선교사 수

1인당 GDP / HDI / HDI 국가순위

9개 지역으로 구분해서 전체인구통계와 종교별통계(%)를 주위 여백에 포함했습니다.

한국의 종교별 통계와 한국의 파송선교사 수를 별도로 표기했고, 지도 하단 양쪽에는 복음화율이 저조한 10/40 창문지역을, 좌측에는 관문도시 지도를 포함했고, 국가에는 주종교의 색을 구분해서 칠했으며, 우측에는 인간개발지수로 색을 구분해서 표시했습니다.

저는 이 지도를 처음 만들 때 보잘것없는 지도 한 장일지라도 선교를 위한 기도 운동이 일어나고 선교사로 헌신할 분들이 많이 생겨나기를 기도하는 마음으로 만들었습니다. 그런데 이제 선교단체나 교회에 가면 우리가 만든 지도를 볼 수 있습니다. 그 지도를 보면 제 마음이 흐뭇해집니다.

대한민국복음화지도

1999년에도 저는 나름대로 바쁘게 지냈습니다. 그러던 어느 날 "이제 얼마 안 있으면 다시 돌아오지 않을 20세기가 끝난다."라는 생각이 제 머리를 스쳐 갔습니다. 그러면서 제가 이 시점에 산다는 것이 무척 감사했습니다. '21세기를 맞이하기 전에 무엇을 할 수 있을까?'

가슴 뛰는 스마트 선교사

를 곰곰이 생각하다가 꼭 하고 싶은 일 한 가지가 떠올랐습니다.

　지금도 마찬가지이지만, 그 당시에도 한국 교회에는 정확한 통계 자료가 전무했습니다. 한국에 존재하는 노래방은 정부에 등록해야 영업할 수 있기 때문에 정확한 통계 자료가 있었는데, 교회는 그렇지 않았습니다. 이런 상황에서 저는 교회의 정확한 숫자나 성도 수 등을 파악해서 자료로 남겨 놓는 것이 이 시대를 사는 한 사람으로 해야 할 일이라는 생각이 들었습니다.

　그래서 대한민국복음화지도를 만들어야겠다고 생각했습니다. 우리끼리 하는 말이지만, 교계에는 정말 부끄러운 일이 많이 있습니다. 일단 각 교단의 통계가 정확하면 그것만 모아서 정리하면 되는데 교단마다 자료와 통계를 내는 방법이 다르고 또 어떤 교단은 신뢰하기 어려운 데이터를 보고하기도 합니다. 이런저런 이유로 이 시점에서 제일 중요한 것은 정확한 데이터를 확보하는 것이라고 생각했습니다. 그때부터 저는 교단의 자율적인 보고에만 의지하지 않고 각 시, 도, 군, 읍의 관공서를 두드리기 시작했습니다. 실제 데이터에 접근하기 위해서 나름대로 정확성을 파악하는 데 심혈을 기울였습니다. 드디어 2000년 1월 17일에 '대한민국복음화지도' 초판 제작을 완료했습니다.

　대한민국복음화지도는 한눈에 개신교의 다양한 복음화율을 볼 수 있도록 만들었습니다. 이 지도에는 대한민국 전국의 시(구), 도(군)별로 인구수 대비 개신교인 퍼센트(%)를 9단계 색으로 구분해 복음화율을 표시했습니다.

인구수는 1998년 주민등록 등재인구를 사용했고, 개신교인수는 1995년 통계청 자료를 토대로 만들었습니다. 시, 도별로 복음화율이 제일 높게 나타난 지역은 전북 익산시가 34%였고, 다음으로는 과천시 32%, 군산시 32%, 김제시 30%, 울릉군 30% 순으로 나타났습니다. 서울에서는 강남구, 서초구가 각각 30%로 제일 높게 나타났습니다. 복음화율이 제일 낮은 지역은 제주도 8%, 경상남도 9%, 합천군 4%로 나타났습니다. 비교적 도시 중심으로 교회와 교인 수가 많았고, 반대로 산간지방과 경북, 경남 지역이 교회와 교인 수가 적었으며, 전북 군산시, 익산시, 김제시의 경우는 교회와 교인 수가 모두 30%를 넘어 서울 경인지역과 함께 기독교 인구가 제일 많았습니다.

복음화율이 높은 지역은 한국 초기 선교역사에 있어서부터 선교사들이 많이 왕래한 지역으로 1885년 4월 5일 아펜젤러(감리교선교사)와 언더우드(장로교선교사)가 동시에 인천항을 통해 입국했으며, 군산항은 인천항과 같이 교역의 중심항구로 교통중심지가 되어 중남부 지방으로 이동하는 통로가 되었습니다. 또한 울릉도는 섬지역이면서도 30%의 높은 복음화율을 보였습니다. 이것은 기독교한국침례회의 선교사들이 장로교 선교사들이 들어가지 않은 지역을 찾다 보니 울릉도에까지 이른 것입니다. 이런 정황을 감안하면 복음화율이 높은 것은 우연이 아닌 것을 알 수 있습니다.

1945년 이전에 내한한 선교사 수만 봐도 무려 1,502명입니다. 이 숫자는 당시의 인구와 비례해 볼 때 현재 다른 해외선교국가들에 비해 한국에 월등히 많은 수의 선교사가 와서 집중적인 선교가 이루어진 것을 알 수 있습니다. 이러한 축복 받은 한국은 선교대상 국가에서 선교하는 국가로 발전해서 1999년 말 주요선교단체의 파송선교사수가 8,101명이 되었습니다.

또한 교회 수, 목회자 수와 개신교 주요 19개 교단의 교회 수, 목회자 수, 교인 수를 표시했으며, 통계표를 넣어 교세를 비교했습니다. 제일 큰 교세를 가지고 있는 교단은 대한예수교장로회(합동)였는데, 교회 수는 6,494개로 전체 기독교에서 17.2%를, 교인 수는 2,295,766명으로 전체 기독교에서 20.7%를 차지했습니다. 한편 이 지도에서 처음으로 확인된 평균 목회자 1인당 교인 수는 176명, 한 교회당 교인 수는 342명이었습니다. 평균 데이터와 제일 일치하는 교단은 대한예수교장로회(통합)로 목회자 1인당 교인 수는 174명, 한 교회당 교인 수는 352명으로 교세의 평준화가 제일 잘되어 있어서 이상적인 목회구조를 가지고 있는 것으로 나타났습니다. 남녀 교인 비율은 남자가 47%, 여자 53%로 나타났습니다. 이 표에는 각 교단이 미치는 전체 기독교에서의 퍼센트가 표시되어 있어 교세를 파악할 수 있도록 제작했습니다.

그래프로는 한국의 종교통계와 1999년 12월에 조사된 한국 해외선교사파송 수, 1945년 이전에 내한한 개신교 선교사 현황, 지역별 교인 수, 교회 수가 포함되었습니다. 교회 수가 제일 많은 지역은 경기도로 전체 교회 중 21.6%인 8,320개였고, 제일 적은 지역은 제주도로 전체 교회 중 0.7%인 273개였습니다. 서울은 7,818개로 20.3%를 차지했습니다. 이 지도에는 또한 연령별 교인 수와 한국기독교약사가 포함되어 있습니다.

저는 대한민국복음화지도를, 한국기독교의 복음화율을 효과적으로 나타내서 기독교의 현 상황을 바르게 알려 줌으로써 기도와 전도에 도움이 되기를 바라는 마음으로 만들었습니다.

이 지도는 1999년 6월부터 12월까지 통계청자료, 각 교단자료, 전국 시(구), 도(군) 문화예술과 등의 다양한 자료를 토대로 한국컴퓨터선교회에서 조사해서 제작되었습니다.

초판은 관심을 끌지 못했지만, 2006년에 찍은 두 번째 판은 국민일보에 2006년 8월 15일부터 16회에 걸쳐 소개되었습니다.

[한국컴퓨터선교회가 펴낸 '대한민국복음화지도' 최신판에 따르면 한국의 복음화율은 18.3%에 달한다(본보 14일자 28면 보도). 본보는 서울을 시작으로 16회에 걸쳐 지역별 복음화율과 교인 수 및 교회 수를 상세히 소개한다.]

사막에 샘이 넘쳐나리라

한 여학생이 대학교에서 중국을 공짜로 보내 주는 이벤트에 신청했습니다. 그녀는 그곳에 무엇을 하러 가는 것인지도 몰랐는데, 그 이벤트에 당첨되었다고 학교에서 연락이 왔습니다.

가슴 뛰는 스마트 선교사

연락을 받은 후에 내용을 보니 중국의 황사현상 때문에 우리나라가 피해를 입으니 헐벗은 산에 나무를 심으러 가자는 것이었습니다. 그 여학생은 안 간다고 할 수가 없어 울며 겨자 먹기로 그곳에 따라갔습니다.

나무를 심기 위해서는 저 먼 산꼭대기까지 올라가야만 했습니다. 태어나서 이토록 큰 산은 처음 보았습니다. 젖 먹던 힘을 다해 산꼭대기에 올라갔는데 그곳에는 묘목이 놓여 있었습니다. 그리고 더운 여름, 햇빛이 강렬하게 비치는 땡볕 아래서 나무를 심었습니다. 너무 힘들어 눈물이 나왔습니다. 옆에 있던 다른 언니들이 "좀 쉬었다 해."라고 말하면서 그녀를 위로했습니다. 그녀는 있는 힘을 다해 나무를 심었습니다. 더운 땡볕에 나무를 심는 한국 사람들을 보고 중국의 노무자들은 혀를 내둘렀습니다. 그 여학생은 눈물을 흘렸지만, 속으로는 '한강의 기적은 아무나 이루나?' 하고 생각하면서 힘을 다해 나무를 심고 돌아왔습니다.

복음을 전하러 가는 것은 헐벗은 산에 나무를 심으러 가는 것과 같습니다. 나무가 없는 산은 산이 아닙니다. 우리는 그곳을 사막이라고 표현할 뿐입니다. 예수님이 없는 사람들의 심령은 메마를 수밖에 없습니다. 이러한 사람을 가리켜 예수님은 "이르되 우리가 너희를 향하여 피리를 불어도 너희가 춤추지 않고 우리가 슬피 울어도 너희가 가슴을 치지 아니하였다 함과 같도다"(마 11:17)라고 하셨습니다. 우리는 간혹 선교지의 비복음화에 대해서 우리와는 아무 관계 없는 일이라고 생각하기 쉽습니다.

세계선교지도를 놓고 기독교 복음화율을 자세히 들여다보면, 어떤 지역이 동떨어지게 복음화되거나, 비복음화된 경우는 없습니다. 그런데 유일하게 예외인 곳이 한 군데 있는데, 바로 대한민국입니다. 주변에 복음화가 된 국가가 없는데도 불구하고 유일하게 통계상으로 20%가 넘는 사람들이 하나님을 믿고 있습니다. 그러나 아직도 대한민국 역시 세계에서 찾기 힘든 40%가 넘는 인구가 무교입니다. 하지만 또한 아시아에서 유일하게 복음의 씨앗이 뿌려지고 잘 자라난 유일한 나라입니다. 이제 우리에게 맡겨진 사명은 이 복음의 씨앗을 전하는 것입니다. 우리 주변 국가에 영향력을 미치는 것입니다. 이슬람 지역은 서남쪽으로는 북아프리카에서 중앙아프리카로, 북쪽으로는 중동에서 구소련지역의 중앙아시아로, 서쪽으로는 터키를 지나 유럽으로, 남동쪽으로는 인도네시아와 말레이시아, 필리핀으로 점점 확대되고 있습니다.

대한민국에 뿌려진 복음의 씨앗이 하루속히 북한을 지나 중국과 러시아, 아랍 등으로 번져 나가기를 소망합니다. 황무지와 같은 땅에서 샘이 넘쳐나는 역사가 일어나기를 기대해 봅니다.

미국은 백만 명이 넘는 전임사역자가 있는 축복받은 나라입니다. 성도 230명당 1명의 전임사역자가 일하고 있습니다. 그런데 대한민국은 성도 176명당 1명의 전임사역자가 있습니다. 국민 전체로 보면 687명당 1명의 교역자가 있습니다. 이 숫자는 미국을 훨씬 능가하는 것입니다.(이 통계는 『세계선교의혁명』, p.63과 2000년 '대한민국복음화지도' 에 근거한 것이다.) 이 지구상에 한 번도 복음을 듣지 못한 사람이 27억 명이라는 사실과 비교해 보면 이 얼마나 축복받은 일입니까? 그러나 복음의 불모지인 전 세계를 평균으로 보면 50만 명당 선교사 한 사람 이 존재할 뿐입니다.

미션매거진

한국에서 선교는 1907년에 시작되었습니다. 1970년대와 1980년 대에 이르러서는 교단 선교부와 초교파 선교단체가 많이 등장하면서 예수님의 지상명령인 세계선교에 박차를 가하게 되었습니다. 1990년 에 이르러서는 100여 국에 1,650여 명의 선교사를 파송했습니다.

미션매거진을 준비하던 지난 2004년에는 약 13,000여 명, 2011년 에는 약 18,566여 명의 선교사를 파송했습니다.

그러나 이러한 급속한 성장 과정에서 적지 않은 문제점이 노출되 었습니다. 지금까지도 이런 문제점을 하나하나 수정하고 보완해 가고 있지만, 정보의 부재와 각 선교단체의 정보협력이 원활히 이루어지지 않고 있어서 많은 영역에서 한계를 벗어나지 못하고 있습니다.

그 당시 어떤 형태로든 선교에 참여하고 있는 교회 수는 약 15%에 지나지 않았습니다. 따라서 이를 극복하고 더 많은 교회와 성도가 선 교에 함께 동참해야 했습니다. 이런 시대적 사명을 바탕으로 우리 선 교회는 그동안 오랫동안 기도해 오던 것을 실천에 옮길 때가 되었다고 판단하고 그동안 쌓아온 모든 역량을 동원해서 미션 매거진을 발행하기로 했습니다.

그러나 이러한 시스템을 만들기 위해서는 두 가지 문제가 있었습니다. 그것은 바로 '돈은 어디서 구하느냐?'와 '누가 이 일을 하느냐?' 하는 것이었습니다. 저는 과거의 실수를 되풀이하지 않겠다는 생각에 이사진을 구성하여 정관을 만들기로 했습니다. 그런데 역시 저는 동원 체질은 아닌가 봅니다. 나름대로 노력해 보았지만, 이사진을 구성하고 물질후원을 받는다는 것은 쉽지 않았습니다. 초기 비용이 당시 최소 3천만 원 이상 들어갔습니다. 다시 원점으로 돌아와 아내에게 연막을 치기 시작했습니다. 이제는 무턱대고 돈이 얼마 필요하다고 말하지 못하고, 그 대신 밥 먹을 때마다 미션매거진이 왜 필요한지 설명하기 시작했습니다. 아내는 이미 제 속마음을 훤히 알고 있었지만 버틸 수 있는 데까지 버텼습니다. 저도 지금까지 기획한 것이 다 성공했던 것은 아니었기 때문에 신중하게 검토하고 또 검토했습니다.

시스템을 만들면서 한두 가지는 우리가 가진 기술로 해결이 가능했지만, 메일링 부분과 몇 가지는 외부의 도움이 필요했습니다. 당시에 미션매거진과 똑같은 프로그램을 사용한 곳이 있었는데, 주로 서울시청이나 인천시청, 해양수산청 등의 정부기관이었습니다. 결국 아내와 이 프로그램을 사용하는 회사들을 설득해서 우리에게는 또 한 번의 큰 비용을 들여서 이 시스템을 구축했습니다.

이러한 노력 끝에 미션매거진 창간호(2005년 11월 2일)가 발행되었습니다. 그러나 별도의 예산과 재정이 확보되지 않았기에 결국은 제가 혼자 다 만들었습니다. 그래도 지금까지 매주 발행해서 현재는 370호까지 나왔습니다.

　인터넷 발달로 기독교 언론매체나 인터넷 포털 등이 큰 발전을 이루었지만, 첨단 프로그램의 기법과 선교에 대한 열정 및 전문성이 부족해서 현재까지 선교 전문 정보와 뉴스만을 다루면서 영향력을 가지고 있는 곳은 없는 실정입니다. 그러나 우리가 발행한 미션매거진은 뉴스 정보 매체와 발송, 분석에 관한 가장 진보적인 기능과 정확한 정보를 회원들에게 제공해 주고 있습니다.

　감사한 것은 미션매거진이 지금까지 순수한 선교내용만 다루어 왔기 때문에 지난 한국선교계의 역할을 대략적이나마 한눈에 체계적으로 볼 수 있는 자료로 그 가치를 인정받게 되었다는 점입니다. 이런 자료들은 하와이 교민신문을 비롯한 미주 동부 중앙일보 등 많은 신문에서 재인용되어 알려지고 있습니다. 아울러 보이지 않게 많은 후원과 기도의 손길도 받았습니다. 한 알이 그대로 있으면 한 알뿐이지만, 땅에 뿌려져 심기면 많은 결실을 맺게 됩니다.

　결혼한 지 25년이 넘었는데도, 17평 전세 아파트에 그것도 은행융자 받아서 살고 있지만, 선교지에서 수고하시는 선교사님들을 생각하면 부끄러울 따름입니다.

선교회 후원금

저는 한때 컴퓨터선교회 본부를 해외로 옮기려고 심각하게 고민한 적이 있습니다. 왜냐하면 한국에서는 선교비를 충당하기기가 쉽지 않았기 때문입니다.

한 선교단체가 운영비로 들어가는 비용은 한 개인 선교사의 선교비와는 다릅니다. 그럼에도 불구하고 저는 한 개인 선교사가 후원받는 선교 후원금조차도 받지 못했습니다. 그 이유는 여러 가지 있었는데 첫 번째는 한국 내에서 선교를 한다고 하면 사람들은 이해하지 못했기 때문입니다. 두 번째는 컴퓨터 선교가 항상 우선순위에서 밀려났기 때문입니다. 그러다 보니 교회 후원금을 받는다는 것은 사실상 불가능했습니다.

이런 문제를 해결하기 위해서 저는 후원 이사회를 조직했습니다. 서울의 한 호텔에서 그동안 알게 된 목사님들을 위주로 후원 이사회를 발족했습니다. 이분들 중에는 서울 강남에서 큰 교회를 담임하시고 OO 교단의 총회장을 지낸 목사님도 계셨습니다.

그런데 이사회에서는 저에게 후원금을 보내 주지 않았습니다. 제가 연락해서 돈을 보내 달라고 독촉할 수도 없는 노릇이었습니다. 그때 이후로 저는 후원회나 이사회 같은 조직은 다시 만들지 않았습니다.

2003년에 인도차이나선교대회가 캄보디아에서 열렸습니다. 이곳에서 저는 전주안디옥교회 이동휘 목사님과 강사로 함께 참여했습니

가슴 뛰는 스마트 선교사

다. 한국에서 찾아뵌 적이 있어 그분은 저를 잘 알고 계셨습니다.

목사님께서는 제게 "선교회를 운영하시느라 어렵지 않으세요?" 하고 물으셨습니다. 그래서 저는 웃으면서 "한국의 선교단체들이 다 비슷하지요." 하고 대답했습니다. 그러자 목사님께서는 "제가 조금 돕겠습니다."라고 말씀하셨습니다. 그래서 저는 일단 "감사합니다." 라고 말했습니다. 그때가 11월 달이었는데, 목사님은 한국에 돌아오셔서 12월 달부터 3년 동안 매달 저희 선교회에 100만 원씩을 보내 주셨습니다.

제가 당시 교회 요람과 자료를 찾아본 바에 따르면 전주안디옥교회와 바울선교회는 국내 단체에는 50만 원 이상 후원하지 않았습니다. 제일 많이 하는 곳이 50만 원이고 그 다음이 30만 원이었습니다. 해외 선교사에게도 100만 원 이상 후원하는 경우는 많지 않았습니다. 저는 우리 선교회와 관련된 선교비 지출 내역을 요람에서 아무리 찾아보려고 해도 찾을 수 없었습니다. 그렇다고 목사님께 어떻게 된 일이냐고 여쭈어 볼 수도 없었습니다.

전주안디옥교회

제가 당시 전주안디옥교회를 방문하고 느낀 소감을 나누어 보려고 합니다.

전주안디옥교회의 겉모양은 초라합니다. 마치 '깡통을 쪼개어 엎어놓은 것' 같았습니다. 여름에는 한증막에 있는 것처럼 너무 더웠고,

겨울에는 지붕 사이로 눈이 스며들어서 매우 추웠습니다. 하지만 교인들은 교회가 포근하고 좋다면서 자랑스러워 했습니다.

비록 교회당은 초라했지만, 이것이 교회 부흥을 저해하기보다는 오히려 매력적으로 보여서 타 교회 교인들에게까지 사랑을 받고 있었습니다. 우리 주님은 이곳에서 예배 받으시는 것을 부끄러워하지 않으실 것입니다.

이동휘 목사님은 2003년도에 성도들에게 "안디옥교회를 통하여 주님께 충성하도록 부름 받았습니다. 지난해에도 몸살 날 지경으로 충성한 그 보상을 하늘에서 받을 것입니다. 장한 일을 하셨습니다. 또다시 2003년도를 선물로 받습니다. 방관자의 길목에 서지 마시고 충성의 대열에 바짝 다가서시기 바랍니다. 하나님의 은총과 평강이 모든 성도 가정마다 영원토록 풍성하시기 바랍니다. 감사합니다. 감사합니다."라는 말로 감사의 인사를 하셨습니다.

IMF가 왔을 때 많은 선교사가 선교비 문제로 한국으로 되돌아왔습니다. 그때 바울선교회를 통해서 후원을 받은 한 선교사로부터 이런 이야기를 들었습니다.

"이동휘 목사님께서는 선교사 모두에게 친필로 직접 쓴 격려의 편지를 보내셨습니다. 선교사들은 그 편지를 받고 너무 감격해서 울고 또 울었습니다.

'우리 모두 어렵지만 참고 견디어 냅시다. 그리고 주님의 명령을

끝까지 지킵시다.'

성도들은 IMF로 인한 어려움 속에서 오히려 더 많은 헌금을 냈고, 교회는 헌금의 80%를 모두 선교헌금으로 드리면서 성도와 선교사가 하나 되어 어려운 시절을 이겨냈습니다."

다음 내용은 안디옥교회로부터 후원을 받은 개척교회의 어느 목사님께서 하신 말씀입니다.

"저는 제가 담임하고 있는 교회를 도와주고 있는 안디옥교회를 방문하였습니다. 더운 여름날이었는데, 에어컨 없이 선풍기 한 대만이 이리저리 돌고 있었습니다. 선풍기는 시원하기는커녕 오히려 더위만을 더 가중시키고 있었습니다.

그러나 정작 지원을 받는 우리 교회는 에어컨을 구입하고 더 나은 환경에서 예배를 드리고 있었습니다. 얼마나 부끄러웠던지요. 안디옥교회는 좋은 교회환경만을 부르짖는 현재 한국교회에 많은 것을 일깨워 주고 있었습니다.

제가 안디옥교회를 방문했을 때 이 교회는 길옆 까만 비닐하우스처럼 보이는 성전 건물을 갖고 있었습니다. 또한 그 옆에는 단독주택과 같은 건물 두 채가 있었는데, 교회 사무실과 선교회 사무실로 사용되고 있었습니다.

교회 내부 양쪽 벽에는 연도와 나라 이름이 적혀 있었었는데, 아마도 그 나라를 위해서 기도하고 헌신하기 위해 구역별로 자리를 구분해 놓은 것 같았습니다. 그리고 나무로 불을 때던 난로 4개가 군데군데 있었고, 그 옆에는 굵직한 장작이 놓여 있었습니다.

그래도 안디옥교회 성도들은 더울 때는 더운 지역에 있는 선교사를 생각하고, 추울 때는 추운 지역에 있는 선교사를 생각하면서 감사하는 마음으로 예배를 드리면서 더욱더 열심히 선교하는 사람들이 되게 해 달라고 기도할 것 같았습니다.

이동휘 목사님의 당회장실은 비닐소파들이 벽에 빙 둘러 있었고, 지도와 각종 공문서 종이들이 게시판에 매달려 있었습니다. 이곳은 당회장실이라기보다 복덕방 같았습니다. 그곳은 전 세계 곳곳에 선교사들을 소개해 주는 그런 선교 복덕방이었습니다."

가슴 뛰는 스마트 선교사

4장 새로운 시대의 스마트 선교

SMARTMISSIONARY

컴퓨터의 발전

1924년에 출범한 IBM(International Business Corporation) 사는 당시 하버드 대학교를 다니던 에이큰(Aiken)에게 백만 불을 지원해서 이른 바 하버드 MARK-I이라는 컴퓨터를 1944년에 만들었습니다. 이 컴퓨터는 높이 2.4m, 길이 16.5m에 달하는 전례 없이 큰 기계로 세계 2차 대전 말 미 해군이 유용하게 사용한 것으로 알려지고 있습니다. 이후 IBM은 MARK-II를 개발해서 탄도계산 등 복잡한 수학계산을 하는 데 사용했습니다.

이후 오늘날의 컴퓨터와 제일 유사한 기계장치로서 컴퓨터 1세대로 보는 것이 있습니다. 그것은 미 육군성의 요청을 받고 유도탄 탄도를 계산하기 위해서 1946년 세계대전 직후 미국의 에커트(J.P. Eckert)와 머큘리(J.W. Mauchly)가 만든 ENIAC(Electronic Numerical Integrator

Aan Calculator)입니다. 이 기계는 18,000여 개의 진공관과 1,500여 개의 릴레이를 사용한 거대한 계산기였습니다. 그러나 이것은 소비 전력과 관리에 큰 문제가 있어서 실제 사용이 어려웠습니다.

1951년에는 UIVAC(Universal Automatic Computer)이라는 기계를 만들었습니다. 이 기계는 숫자 처리를 놀랍게 할 수 있었는데, 1초에 수천 번의 연산이 가능했습니다. 200명이 모야 탁상용 계산기를 이용해 7시간 걸려서 했던 것을 불과 3초 만에 계산했습니다. 이 기계는 10년 동안 사용했습니다.

이후 1948년 벨연구소에서 트랜지스터가 발명되면서 컴퓨터는 급속도로 발전하기 시작했습니다. 1세대 컴퓨터가 한 대만 만들어 낸 데 반해 2세대 컴퓨터는 똑같은 장치를 여러 대를 만들 수 있었습니다. 이 컴퓨터는 1950년대 중, 후반을 이끌었습니다.

3세대 컴퓨터는 1960년 중반 반도체 기술이 발달함으로 집적 회로(Integrated circuit : IC)가 출현했습니다. 당시 집적회로는 약 0.5mm의 반도체에 트랜지스터 수십 개와 연관된 부품을 회로에 축소하여 집어넣는 것으로 소형화, 저리 속도로의 고속화, 전력 소모의 감소 등 수많은 문제를 해결한 새롭고 획기적인 개념이었습니다. 그러나 여기서 제일 중요한 것은 오늘날 컴퓨터 시작으로 볼 수 있는 소프트웨어와 하드웨어를 구분하기 시작했다는 것입니다. 지금까지는 한 기계가 하나의 역할만 했는데, 이제는 소프트웨어에 따라 다른 역할수행이 가능해진 것입니다.

가슴 뛰는 스마트 선교사

4세대 컴퓨터는 좀 더 큰 대규모 집적 회로(Large-scale integrated: LSI)와 마이크로프로세서(Microprocessor)에 의한 다양한 보조 장치들이 개발되어 개인용 컴퓨터(Personal Computer: PC) 시대를 열었습니다. 마이크로프로세서는 1971년 4비트 칩 '인텔 4004'를 시작으로 후에 8비트 칩인 '인텔 8008'을 개발하여 미국의 미츠(MITS) 사에서 마이크로컴퓨터인 Altair 8800을 발매했습니다. 그 당시 이 컴퓨터로 자극은 받았지만, 돈이 없어 사지 못한 스티브 잡스(Steve Jobs)와 스티븐 워즈니악(Stephen Wozniak)은 차고에서 만나 그곳에서 애플(Apple)이라는 마이크로컴퓨터를 만들었습니다.

IBM 사는 개인용 컴퓨터가 돈벌이가 되지 않는다는 이유로 그 사업에서 손을 떼었습니다. 그리고 대형 컴퓨터만 개발했습니다. 그런데 이 버려진 기술을 이용하여 크고 작은 회사들이 저작권 개념이 없는 PC를 개발하여 보급하기 시작했습니다. 그 이후에도 여기저기서 IBM이라는 이름을 사용했지만, 사실상 IBM 사와는 무관한 컴퓨터였습니다.

제일 중요한 중앙처리장치(Central Processing Unit : CPU)는 1971년 인텔이 '인텔 4004' 4비트 CPU을 출시한 이후 이 분야에서 독보적인 존재로 성장했습니다. 세계에서 브랜드와 기술 두 가지를 모두 가지고 있는 대표적인 회사로는 인텔을 꼽습니다. 예를 들어 코카콜라나 맥도날드의 경우 브랜드 인지도는 세계 최고이지만, 기술은 없습니다.

PC 통신시대 개막

드디어 PC 통신시대가 개막되었습니다. PC 통신은 국내용 통신이라는 개념이 강하지만, 사실은 이미 기존 통신망이 국제적이기 때문에 PC 통신도 '인터넷'이라고 볼 수 있습니다.

컴퓨터의 장점은 여러 가지가 있지만, 그중에 제일 큰 기능은 데이터 검색에 있습니다. 하지만 자신이 가지고 있는 컴퓨터에서 검색해 보아야 자신이 갖고 있던 것만 나옵니다. 그러나 그 당시에는 자신의 컴퓨터를 다른 컴퓨터에 연결해서 서로 자료를 공유했습니다. 물론 지금은 이것이 당연한 것이라고 생각되지만, 그 당시에는 혁명으로 받아들여졌습니다.

인터넷은 1969년 9월에 미국에서 구축한 'ARPANET'을 통해 시작되었습니다. 이 네트워크는 미국이 구소련과 핵무기 경쟁을 하면서 '미 국방부가 핵 공격을 당하면 그 다음에는 어디서 통제해야 하는가?' 하는 물음에서 시작되었습니다. 그래서 결국은 네트워크가 필요하다는 결론에 도달했습니다. 즉, 이 네트워크는 매인과 중간에 있는 몇 개의 시스템이 적의 폭격으로 부서지더라도 다른 시스템을 통해서 연결할 수 있도록 하는 것이었습니다. 이를 위해서 미국 고등방위연구계획국(Defense Advanced Research Project Agency: DARPA)을 중심으로 몇몇 대학에서 ARPANET이라는 네트워크를 구성하기로 했습니다. 처음에는 미국의 4개 대학(지역)을 중심으로 네트워크가 결성되었습니다. 그리고 소련 모르게 이곳에 군사용 컴퓨터를 숨겨놓았습니다.

가슴 뛰는 스마트 선교사

한국에서는 인터넷이 PC 통신이라는 개념으로 출발했습니다. 사실 인터넷과 같은 개념으로 봐도 되지만, PC 통신이란 일반적으로 컴퓨터 통신보다는 좁은 개념이었습니다. 또한 접속이 편리하게 이루어지기 어렵다는 점, 통신사에 가입하고 요금을 내야 한다는 점 등 때문에 지역적 서비스 개념으로 이해되었습니다. 그리고 이것을 BBS(Bulletin Board System)라고 불렀습니다. BBS는 모뎀을 이용해서 각종 데이터나 전자우편을 주고받을 수 있는 통신망 서비스입니다.

저도 1988년에 1:1 통신망을 처음으로 맛보았습니다. 모뎀이 대중화되기 전에 용산에서 모뎀을 만들어서 양쪽 PC 슬롯에 꽂아 전화선에 연결했습니다. 이 테스트를 저와 함께 하신 분이 있었는데, 현재 미국에 가 계시는 김 전도사님이었습니다. 그분은 이문동에 살았고, 제 사무실은 영등포에 있었습니다. 전화를 통해서 "삐리리~~" 하는 연결신호가 한참 이어지고 드디어 철컥 하는 소리와 함께 군청색 모니터에 흰 글자가 떴습니다. "안녕하세요?" 저는 첫 대화로 "컴퓨터를 알기 전에 하나님을…."이라는 당시 한국컴퓨터선교회 표어를 전송했습니다. 그랬더니 잠시 후 "아멘."이라는 말이 제 컴퓨터에 떴습니다. 저는 그때의 감격을 지금도 잊을 수가 없습니다.

이 BBS을 처음 시작한 곳이 미국인지 한국인지에 대해서는 명확하지 않지만, 모뎀의 발전으로 PC 통신이 대중화하기 시작했습니다.

BBS를 크게 구분하면 개인용과 기업용 전자게시판으로 나눌 수 있습니다. 개인이 운영하는 것은 대체로 무료인데 반해, 기업에서 운영하는 것은 대부분 유료였습니다. 그래서 기업에서 운영하는 유료 BBS를 상용통신망이라고 불렀습니다.

제가 우리나라에서 PC 통신을 처음 접했을 때는 전체 PC 통신 인구가 500명 정도였습니다. 대부분은 기업 연구원이거나 테스트를 하는 사람이었습니다.

본격적인 대한민국 PC 통신은 천리안과 하이텔 서비스에 의해서 시작되었습니다.

천리안은 1984년 5월에 (주)한국데이터통신의 전자사서함 서비스로 출발했습니다. 1985년 10월에는 생활정보 DB, 1986년 9월에는 화상정보서비스 '천리안', 1987년 4월에는 한글전자사서함 '한-메일'(H-mail), 1988년 5월에는 문자정보서비스 '천리안 II'으로 이어졌고, 1990년 1월에는 'PC-Serve'가 개통되었습니다. 또한 1992년 12월에는 '천리안 II'과 'PC-Serve'가 통합하여 천리안이 되었습니다. 대중적으로 오늘날 SNS 개념의 통신이 가능했던 것은 1990년 1월에 개통한 'PC-Serve' 덕분이었습니다. 1990년 2월 13일 저는 이곳에 컴퓨터 선교회 동호회를 개설했습니다.

하이텔은 1986년 11월 1일 한국경제신문사에서 '한국 경제 프레스텔'(Korea Economic Prestel)을 개통하여 1987년 4월 15일 '한경 케텔'(KETEL)로 변경했고, 1987년 5월 1일에는 한경 케텔 영문정보서비스를 제공했습니다. 또한 1989년 11월 케텔 서비스를 시작한 뒤 1991년 12월 한국통신과 합작으로 한국 PC 통신(주)을 설립하면서 1992년 3

가슴 뛰는 스마트 선교사

월 서비스를 코텔(KORTEL)로 바꾸고, 같은 해 7월에 명칭을 하이텔(HiTEL)로 변경했습니다. 1990년 9월 13일 저는 한국경제신문사 케텔에 컴퓨터선교회 동호회를 개설했습니다.

천리안과 하이텔 통신망에 '컴퓨터선교회 동호회'를 운영하면서 한국컴퓨터선교회는 기독교인이 아닌 일반 컴퓨터 사용자들에게도 많이 알려졌습니다. 이렇게 빨리 PC 통신에 동호회를 만들어 운영할 수 있었던 이유는 한국컴퓨터선교회가 이미 PC 통신이 생겨나기 이전부터 존재해 왔고, 이러한 흐름을 읽고 있었기 때문입니다. 또 하나는 당시 PC 통신과 컴퓨터를 하는 분들이 유사기독교와 기독교를 구분하지 못하고 아무에게나 그러한 자리를 내어 주려고 했기 때문에 우리 선교회가 먼저 선점 효과를 노리고 다른 유사기독교의 서비스를 막고자 했습니다. 이러한 걸음에 어려움도 많았지만, 대체적으로 성공적인 운영을 했습니다.

이러한 공로로 1992년 1월 22-27일 데이콤 천리안에서 우수 동호회로 선정되어 동남아 연수를 다녀올 수 있었습니다. 또한 하이텔에서도 이와 비슷하게 연수를 다녀올 수 있었습니다.

그리고 1996년 5월 17일에 한국컴퓨터선교회(KCM)가 인터넷 전용선 서버를 개통하면서 본격적으로 인터넷 시대가 열렸습니다. 어느 누구도 PC 통신 시대가 이렇게 빨리 끝날 것이라고는 예측하지 못했습니다.

인터넷 세상으로

인터넷은 웹의 보급으로 급속도로 확장되었습니다. PC 통신이 인터넷이 될 수 없었던 이유는 통신상의 문제라기보다는 사용법의 문제였습니다. 웹은 마우스만 클릭하면 접속할 수 있었기에 편리하게 활용할 수 있었지만, PC 통신은 그렇지 못했습니다. 웹은 당시로써는 상상하기 힘든 방법이었습니다. 이처럼 마우스를 이용한 그래픽 방식의 웹 브라우저 보급은 인터넷을 확산시킨 결정적 원인이었습니다.

초기에 실질적으로 인터넷을 대중화시킨 최고의 공신은 모자이크 프로그램이었습니다. 이것은 웹(World Wide Web)을 편리하게 사용할 수 있도록 도와주는 도구입니다. NCSA(National Center for Supercomputing Application)는 일리노이즈 대학 우바나 샴페인 캠퍼스에 있는 국제 슈퍼컴퓨팅 응용 센터로, 이곳에서 진행했던 컴퓨터 관련 프로젝트의 하나로 만들어진 것이 모자이크 프로그램입니다. 이 프로그램은 개발되자마자 인터넷 사용자에게 폭발적인 인기를 끌면서 인터넷을 통해 퍼졌습니다. 이 프로그램이 이처럼 인기 있었던 이유로는 여러 가지가 있지만, 가장 큰 이유는 인터넷 자료를 쉽게 검색할 수 있도록 만든 뛰어난 기능과 간편한 사용법이었습니다.

모자이크 프로그램을 만든 마크 앤드리슨(Marc Andreessen)은 미국 일리노이 대학의 연구생이었습니다. 그가 만든 모자이크는 인터넷의 대중화에 결정적인 역할을 했습니다. 그는 대학을 졸업한 후에 짐 클라크(Jim Clark)를 만나 넷스케이프 회사를 세웠습니다. 그리고 모자이크를 업그레이드 한 넷스케이프라는 웹 브라우저를 만들었습니다. 넷스케이프는 인터넷이 대중화되고 상업화된 출발점이라는 의미를 지닙니다.

그러나 나중에 넷스케이프는 마이크로소프트사의 익스플로러에 밀리기 시작했고, 결국 AOL에 매각되었습니다. 그 후 앤드리슨은 무엇을 했을까요? 그는 'loudcloud.com'과 'collab.net'이라는 회사의 이사로 취직했습니다.

한편 우리나라 PC 통신 회사들은 개인 ID 하나를 사용하는 비용으로 월 2-3만원의 요금을 받았습니다. 이때 제일 중요하게 사용했던 것이 이메일이었습니다. 따라서 어떤 사람들은 이메일 하나만을 사용하기 위해 이 비용을 내야 했습니다. 그 당시에는 가입하고 한 달이 지나도 메일 하나 오지 않는 사람도 많았습니다. 그러다 보니 동호회에서 회원에게 메일을 보내 주면 너무 기뻐했습니다. 지금은 스팸으로 간주되거나 쓰레기 취급을 받기가 쉽지만요.

바로 이러한 사용자의 불만을 일소하기 위하여 아이디어를 얻어 당시로써는 감히 다른 사람이 생각하기 어려운 이메일을 무료로 나누어 주는 사이트가 생겨났습니다. 입에서 입으로 '그곳이 어디냐?', '누가 그런 좋은 일을 하느냐?'라고 하면서 물어서 간 곳이 바로 'daum' 이었습니다.

결과적으로 시대의 흐름을 읽지 못하고 변화하지 못한 통신 서비스 회사들의 콘텐츠는 빛을 잃었고 역사의 뒤편으로 사라지게 되었습니다.

한 시대는 가고

PC 통신 시대가 이렇게 빨리 갈 줄은 아무도 예측하지 못했습니다. 그것은 바로 새로운 물결, 인터넷의 출현 때문이었습니다. 대형 통신망으로 서비스하던 천리안이나 하이텔이 이에 대처하지 못했던 것은 기술력과 자금력이 부족해서가 아니라 새로운 사회 변화에 적절히 대응하지 못했기 때문입니다. 물론 아무런 노력도 하지 않은 것은 아닙니다. '한글과컴퓨터사'에서 개발한 심마니가 한글 검색엔진으로 인터넷 초기에 인기를 누리기 시작했습니다. 이 엔진을 천리안에서 사다가 붙이고 반전을 노려보기도 했습니다. 그러나 결과적으로 실패로 끝났습니다. 아울러 이 대형 통신망에 붙어 있던 정보서비스회사, 동호회 등도 도미노 현상을 일으키며 다 무너졌습니다.

당시 필자가 운영하던 '한국컴퓨터선교회'는 천리안, 하이텔에 동호회뿐만 아니라 기독교 정보 제공자로 참여하고 있었기 때문에 PC 통신의 종말은 우리에게도 큰 위기를 가져다주었습니다. 그 당시는 누구도 이러한 컴퓨터 통신의 환경을 예측하지 못했기 때문에 문을 닫은 회사조차도 왜 자신들이 망했는지 알지 못했습니다.

지는 해를 막을 수 없었지만 새로운 해를 맞이할 수는 있었습니다. 저는 인터넷과 웹(WWW)을 공부하기 시작했습니다. 그런데 웹을 구축하기 위해서는 대형 통신망과 컴퓨터를 알아야 했습니다. 그렇지

가슴 뛰는 스마트 선교사

않으면 시도도 할 수 없는 일들이 많이 있었습니다. 하지만 포기하지 않고 꾸준히 방법을 찾아 나갔습니다. 당시에 윈도우 NT들이 나오기 시작했는데, 웹 구축을 위한 준비가 다 되어 있지는 않았습니다. 그래서 그 틈새시장을 노려서 프로그램을 만들고 준비하는 회사들이 있었습니다. 미국에서 막 개발된 PC NT용 OS에서 웹(WWW)을 운영할 수 있는 프로그램을 구해서 1996년 5월 17일 한국컴퓨터선교회(KCM)는 인터넷 전용선으로 서버를 개통했습니다. 이것이 한국 기독교 최초로 자체 전용선으로 서비스하는 웹이 되었습니다.

그리고 이를 기반으로 '인터넷, 홈페이지 작성법 수강생'을 모집해서 교육했습니다. 당시에는 인터넷 홈페이지 html를 교육하는 곳이 없었기 때문에 사무실인지, 교육장인지 구분이 안 될 정도로 좁고 지저분한 곳에서 우리나라 대형 통신망 회사의 부장님, 과장님 등이 와서 배우셨고, 그중에는 나중에 사장님이 된 분들도 계셨습니다.

하지만 아무리 애를 써도 혼자서 컴퓨터나 인터넷의 여러 문제를 해결하고 프로그램을 만들어 사용하는 것은 불가능했습니다. 마침 그때 '네트빌'이라는 회사를 막 창업한 문 사장님이 찾아오셨습니다.

문 사장님은 'Net Office for Windows NT' 프로그램을 개발하고 계셨는데, 저에게 이 프로그램을 시험적으로 써 보라고 하시면서 사무실에 무료로 설치해 주고 가셨습니다. 저는 너무 죄송해서 공짜로는 못 쓰고 적은 돈이나마 보내 드리겠다고 하고서 통장으로 입금해 드렸습니다. 그런데 그 돈은 나중에 저에게 다시 돌아왔습니다. 당시 프로그램 회사들의 형편이 상당히 어려웠기 때문에 공짜로 프로그램을 깔아 준다는 것이 쉬운 일은 아니었습니다. 그래서 저는 이 회사를 생각하면서 틈날 때마다 기도했습니다. 요즘처럼 야박한 세상에 이렇게 좋은 분들이 있다는 것에 감사하면서 프로그램을 사용했습니다.

이 프로그램은 인터넷 NT 서버에서 게시판을 운영할 수 있는 세계 최초의 프로그램이었습니다.(1996년 11월에 'Microsoft Solution Provider 계약 체결'을 할 때 마이크로소프트사에서 인정한 것입니다.) 저는 이 프로그램을 사용하면서 불편한 사항을 수정하고 필요한 기능을 추가로 반영시켰습니다.

이 프로그램은 다음 커뮤니티 프로그램에 탑재되었습니다. 오늘날의 다음은 초기에 두 가지 점에서 인터넷을 선점할 수 있었습니다. 첫째는 이메일이고, 둘째는 커뮤니티(카페)입니다.

한국컴퓨터선교회도 다른 웹에서는 홈페이지만 제공하던 시절 게시판을 설치하고, 이를 기반으로 기독교정보클럽을 만들기 시작했습니다. 그리고 PC 통신에 있던 한국교회의 초기 자료를 이 프로그램을 통하여 인터넷으로 재구축하기 시작했습니다. 당시 약 5만 여건의 자료들을 일일이 다시 정리해서 옮기는 데 며칠 밤을 새웠는지 모릅니다.

PC의 무한한 진화

이러한 개인용 컴퓨터의 덕을 제일 많이 본 기업은 바로 빌 게이츠

(Bill Gates)가 세운 마이크로소프트입니다.

1975년 하버드 대학교에 다니던 빌 게이츠는 갑자기 소프트웨어를 개발하겠다고 학교를 그만두었습니다. 그는 폴 앨런(Paul Allen)과 함께 베이직 인터프리터를 개발하기 위해 미국 뉴멕시코주 앨버커키에 마이크로소프트(Micro-soft)라는 이름으로 회사를 만들었습니다.

정신없이 팔려 나간 개인용 컴퓨터는 깡통과도 같았는데, 빌 게이츠는 여기에 운영체제인 OS(Operating System)와 응용 프로그램을 만들어 보급했습니다. 하드웨어는 한번 사면 고장이 나서 버릴 때까지 쓸 수 있지만, 소프트웨어는 버전이 바뀔 때마다 계속 사야 하고 종류도 무수히 많아서 MS 사가 벌은 소프트웨어 판매 수익은 어마어마했습니다.

그러나 이러한 때 인텔과 마이크로소프트에 시장을 다 내어 준 채 반전의 기회를 틈틈이 노리던 사람이 있었습니다. 그 사람은 바로 펩시콜라의 마케팅 담당 존 스컬리(John Scully)를 스카우트하기 위해 "평생 설탕물이나 팔 겁니까, 아니면 나와 같이 세상을 바꿀 겁니까?"라고 말한 애플사의 스티브 잡스(Steve Jobs)였습니다. 스티브 잡스는 20여 년을 갈고닦은 실력으로 조용히, 그러나 철저하게 자신의 꿈을 실현하기 위해서 세계의 컴퓨터 부품공장을 누비고 다녔습니다. 그가 무엇을 만들기 위해서 그렇게 다녔는지 아는 사람은 아무도 없습니다. 다만 애플은 2000년경에 태블릿형 컴퓨터에 대한 특허를 제출한 바가 있어, 이때부터 태블릿을 개발하고 있었을 것이라 추정할 뿐입니다.

PC 사용자들은 무엇인가 변화하지 않는 상태가 지속되자 지루함을 느끼고 있었습니다. 인터넷이 세상에 나온 지도 20여 년이 지났고, PC도 더 이상 변화하지 못하고 있었습니다.

2009년 말 태블릿형 컴퓨터가 애플에서 나올 것이라는 구체적인 소문이 나돌기 시작했습니다. 그러나 당시 태블릿 PC가 전혀 없었던 것은 아닙니다. 당시 컴팩(Compaq)이라는 회사에서 태블릿형 컴퓨터가 나왔는데, 운영체제는 마이크로소프트의 태블릿 XP이었습니다. 하지만 컴팩은 이 컴퓨터를 개발하는 데 실패하면서 어려움을 극복하지 못하고 2002년에 끝내 휴렛 팩커드(HP)에 인수되었습니다. 물론 시간이 좀 흘렀지만, 애플에서 공식 발표가 나오기 전까지 정식 이름도 공개하지 않았으며, 철저히 모든 것을 비밀에 붙인 채 개발했습니다.

드디어 2010년 1월 27일 스티브 잡스는 샌프란시스코의 야르바부에나 아트센터에서 아이패드(iPad)라고 부르는 컴퓨터를 처음으로 공개했습니다.

9.7인치 LED 백라이트 IPS 디스플레이를 탑재한 아이패드(iPad)는 아이폰에서 구동되는 거의 모든 응용 프로그램을 사용할 수 있었을 뿐 아니라 전자책과 애플에서 개발한 업무용 프로그램인 아이워크(iWork) 등 보강된 기능들이 있었습니다.

세계는 경악했습니다. PC 마니아들은 이 컴퓨터를 사기 위해 줄

가슴 뛰는 스마트 선교사

을 서서 기다렸습니다. 미국이 아닌 다른 나라에서는 자기 나라에 공급해 주기만을 바라보고 있었습니다. 아이패드는 불티나게 팔려 나갔습니다. 하루아침은 아니었지만, 애플은 마이크로소프트를 누르고 컴퓨터 분야의 왕좌로 등극했습니다. 어떤 사회학자는 애플의 아이패드(iPad)가 개인용 컴퓨터의 수준을 20년 이상 앞당겼다고 평가하기도 합니다. 조용하던 PC 시장에 일대 지각변동이 온 것입니다.

무엇이 컴퓨터인가?(하드웨어 Vs 소프트웨어 Vs 데이터)

우리가 보통 부르는 컴퓨터는 '하드웨어', '소프트웨어', '데이터'(자료, 정보)를 모두 지칭합니다. 컴퓨터를 모르는 사람일수록 컴퓨터를 하드웨어로 봅니다. 많은 사람이 저에게 "컴퓨터선교회는 무슨 일을 합니까?"라고 물어봅니다. 그러고는 스스로 "아! 컴퓨터를 가르쳐 주시는구나?" 아니면 "선교사나 선교지에 컴퓨터를 주는 것이구나?"라고 말합니다.

그러나 컴퓨터를 잘 아는 사람일수록 하드웨어보다 소프트웨어와 데이터를 더 먼저 생각합니다. 교회를 잘 이해하지 못하는 사람일수록 교회를 건물로만 판단하는 것과 같습니다. 물론 하드웨어도 중요한 부분이고 이와 관련된 일도 많이 있습니다. 제 주위에는 하드웨어와 관련된 일을 무척 좋아해서 그 일을 하면서 선교하는 분도 있습니다.

또한 컴퓨터 교육을 통해 접근점을 찾아 주는 것도 좋은 방법 중

하나입니다.

저도 선교회를 하면서 이런 점을 활용했습니다. 지금도 교육은 선교의 일부분입니다. 그러나 컴퓨터의 진정한 힘은 소프트웨어와 데이터에 있습니다. 또한 일반 사람이 컴퓨터로 할 수 있는 영역은 하드웨어와 소프트웨어보다는 데이터 부분입니다. 하드웨어와 소프트웨어는 데이터를 담아 주는 역할을 합니다. 결국 하드웨어와 소프트웨어는 데이터(자료, 정보)를 위해서 필요하다는 것을 알게 됩니다.

그리고 가만히 생각해 보면 하드웨어와 소프트웨어는 전문적인 기업에서 비즈니스로 하는 것입니다. 그렇다면 비즈니스를 하지 않는 컴퓨터 사용자가 할 수 있는 일들은 데이터 활용이나 그에 따른 활동일 것입니다.

컴퓨터를 사용해 본 사람이라면 한 번쯤 데이터가 없어져 난감했던 적이 있었을 것입니다. 15년 전쯤 지난 이야기입니다. 밤 1시가 다 된 시간에 어느 목사님께 전화가 왔습니다. 내일 모래 미국으로 박사 학위 심사를 받으러 가야 하는데, 그때 제출할 논문이 하드디스크가 깨져서 없어졌다는 것이었습니다. 목사님은 거의 절망한 상태로 울먹이며 말씀하셨습니다. 저는 일단 컴퓨터에 손을 대지 말고 그대로 계시라 하고 가 보았습니다. 대부분은 스스로 복구해 보겠다고 데이터를 자꾸만 복사하고 이동하고 덮어 기록하면서 진짜 복구할 수 없는 상태로 만들어 버리는 경우가 많기 때문입니다. 다행히 이 데이터는 복구가 가능했습니다.

가슴 뛰는 스마트 선교사

저에게도 엄청난 일이 한번 있었습니다. 기독교정보 데이터베이스 자료 약 5만 건을 서버에 두고 관리할 때였습니다. 알 수 없는 해커가 침입하여 제 데이터를 삭제하고 있었습니다. 당시는 서버를 방 한쪽에 두고 있었기 때문에 즉시 스위치를 빼서 삭제되는 것을 막았습니다. 그러고 나서 나중에 확인해 보았는데, 사용할 수 있는 데이터가 거의 없었습니다. 저는 이때 제 몸을 어떻게 가눌 수가 없었습니다. 의자에 드러누웠다가 서성거렸다가 하니까 아내는 제가 정신이 나갔다고 생각했습니다. 저는 이때 만일 데이터가 다 사라지면 이제 컴퓨터선교를 그만두겠다고 속으로 생각했습니다. 이 일로 받는 심리적 충격은 생각보다 컸습니다. 제가 이렇게 큰 실망감을 사람이 아닌 컴퓨터에 받다니 저 자신이 너무 한심스러웠지만, 일단 이 데이터를 살려 내는 일이 더 급한 문제였습니다. 그 충격은 생각보다 깊었고 오래 갔습니다. 다행히 3개월 전에 테이프로 백업해 두었던 것을 가지고 다시 복구했습니다. 하지만 데이터의 손실은 불가피했습니다.

하드웨어가 고장 났다면 다시 사면 되고 소프트웨어도 다시 설치하면 되지만, 데이터는 다른 곳에서 구할 수 없습니다. 다시 한 번 백업의 중요성을 비싼 대가를 주고 치렀습니다.

이 일이 있은 후 이런 생각이 들었습니다.

'10여 년 모아온 데이터가 없어져도 나는 살맛이 안 나고 절망스러운데, 당신이 만든 자녀를 잃어버리셨을 때 하나님은 그 마음이 어떠하셨을까?'

우리를 지금도 찾으시는 하나님의 간절한 마음을 이런 일로 깨닫는 것이 좀 이상하지만, 결국 이 환난을 통하여 인내를 얻게 되었습니다.

촌스럽게 나타난 구글

어느 날 아주 촌스러운 홈페이지가 나타났습니다. 하얀색 바탕에 'Google'이라는 글자만 있었습니다. 무슨 배짱인지 알 수가 없었습니다. 전혀 디자인을 한 것 같지 않았습니다. 그 당시는 해외에서 야후가 검색 사이트로 명성을 날리던 때였습니다. 야후는 이때만 해도 인터넷으로 성공한 기업처럼 보였습니다. 야후는 한때 4억 1200만 명 이상의 고유 방문자를 보유했고, 하루 평균 34억 페이지뷰를 자랑했습니다(2005년). 야후의 절정은 2006년이었습니다. 미국 웹 검색 시장의 50%를 점유했으니까요. 야후 세상이라고 해도 과언이 아니었습니다. 하지만 어느 날 촌스럽게 나타난 구글 때문에 야후가 패가망신할 줄은 아무도 예상하지 못했습니다.

구글은 래리 페이지(Larry Page)와 세르게이 브린(Sergey Brin)이 1996년에 '백럽'(BackRub)이라 불리는 검색엔진을 만들면서 시작되었습니다. 이 두 사람은 다른 검색엔진보다 3배 이상 큰 인덱스를 만들어 관리하는 것이 꿈이었습니다. 그래서 이름을 10의 100을 뜻하는 '구골'이라고 지었습니다. 그런데 이미 구골이라는 도메인이 선점되어 있어서 이와 비슷하게 구글이라고 했습니다. 매우 큰 유한수를 의미하는 이 단어는 '엄청난 규모의 검색엔진을 만들겠다'는 설립자들의 목표와 맞아 떨어졌습니다. 구글은 불과 몇 년 만에 미국 전체 인터넷 검색의 2/3, 전 세계 인터넷 검색의 70%를 장악했습니다. 2008년에 구글은 자사 웹 페이지 인덱스 크기가 1조 개를 돌파했다고 발표했습니다.

이러한 구글의 성공비결이 무엇이었을까요? 에릭 슈미트 회장은 구글의 성공 법칙으로 '인재경영'을 꼽았습니다. 잘 알려진 것처럼 '구글의 모든 직원은 업무 시간의 20%를 자신의 창의적인 프로젝트에 쏟도록 하고 있다'고 합니다. 이것을 '20% 법칙'이라고 표현합니다. 자신이 하고 싶은 일을 할 수 있도록 내버려 둔다는 것입니다. 또한 모든 직원이 자신의 업무에만 전념하도록 직원들의 업무에 방해가 되는 것을 모두 제거한다고 합니다.

또 하나의 특징은 직원 모두가 한 공간에 있다는 것입니다. 구글은 대부분의 업무가 팀으로 이루어지기 때문에 원활한 의사소통이 필수였고, 이를 위해서는 팀원 간 거리가 가까워야 했습니다. 그래서 필요하면 언제든지 상의하고 토론할 수 있어야 했습니다. 따라서 CEO를 포함한 모든 직원이 한 사무실에서 함께 근무했습니다.

그런데 이런 배부른 이야기는 이미 성공했기 때문에 하는 말인지 모르겠습니다. 제가 보기에는 구글은 기존 웹 사이트를 퍼가는 능력과 분석해서 보여 주는 기술이 탁월합니다. 구글 검색의 특징 중 하나는 페이지와 페이지 사이의 링크를 분석해서 많이 연결된 페이지를 더 좋은 문서로 판단하는 것인데, 이것을 '페이지랭크'(PageRank)라고 합니다. 심지어 구글의 원시 검색엔진은 다른 사람 서버의 데이터베이스 프로그램까지 뚫고 들어와서 퍼갑니다. 만일 이러한 기능이 구글이 아니라 다른 사람에 의해서 이루어졌다면 해커로 취급받을 수 있습니다.

우리나라의 경우 초기에 구글 로봇 수집엔진이 나타나면서 주민등록 번호가 대거 노출되는 일이 발생했습니다. 그리고 그 잘못이 자료를 퍼간 구글 쪽에 있는 것이 아니라 노출시킨 사용자 서버에 있다고 하는 어처구니없는 일이 있었습니다. 이 같은 일은 지금도 발생하고 있습니다.

또 하나 답답한 일은 구글은 한국포털사이트인 다음, 네이버와는 다르게 고객센터를 두고 있지 않습니다. 따라서 구글 직원과 직접 연락할 수 있는 방법이 없습니다. 뿐만 아니라 블로그나 카페, 웹 페이지에 적었던 글은 구글 로봇이 수집하여 보관합니다. 이를 삭제하려면 웹 마스터 도구를 이용해야 하는데, 구글의 삭제조건에 맞지 않으면 삭제할 수도 없습니다. 블로그나 홈페이지를 폐쇄했어도 자신이 작성했던 글은 계속 검색되어서 삭제할 수 없습니다. 설사 웹 마스터를 통해 삭제했어도 블로그 검색에 있던 글은 영구적으로 삭제가 불가능합니다. 글을 같은 페이지에 재발행하는 방법밖엔 없습니다.

구글 입장에서는 그 내용이 무엇이든지 검색엔진이 다 파악할 수 없기 때문일 것입니다. 어쨌든 이 무식한 수집 로봇 덕분에 그동안의 많은 법적인 문제를 잘 막아오며 구글은 현 시대 인터넷 IT계의 새로운 왕자로 등극했습니다.

소셜 네트워크(SNS) 시대로

컴퓨터와 통신의 발전은 인터넷을 탄생시켰습니다. 그리고 통신은 유선에서 무선 개념으로 발전했습니다. 유선 시대의 통신은 오피스 개념으로 활용되었다면 무선 시대의 통신은 개인이 휴대하는 핸드폰 유형으로 발전했습니다. 이러한 기반 위에서 탄생한 서비스가 바로 '소셜 네트워크 서비스'(Social Network Service, SNS)입니다. 소셜 네트워크 서비스는 개인을 중심으로 한 온라인 인맥구축 서비스로 1인 미디어, 1인 커뮤니티, 정보공유 등을 포괄하는 개념입니다. 1인 미디어는 기존의 언론이 다루지 못한 많은 이야기를 쏟아내며, 사회 문화를 이끌어 가는 또 하나의 축이 되었습니다.

SNS는 기존 오프라인에서 알고 있었던 이들과의 인맥 관계를 강화하고, 온라인을 통해 형성된 새로운 인맥을 쌓을 수 있도록 해 줍니다. 또한 인터넷에 개인의 정보를 공유해서 의사소통을 도와줍니다. 소셜 미디어(social media), 1인 커뮤니티라고도 합니다.

이러한 문화적인 현상은 기존의 국가나 단체가 주도해서 이끌던 이념과 문화의 중심이 SNS 사용자에게 일정 부분 넘어가게 되었다는 것을 의미합니다. 아울러 교회문화나 복음전달의 중심축이 대형교회나 목회자에서 각 크리스천 개인에게 상당 부분 이전되었다는 것을 나타냅니다. 이러한 점에서 우리는 또 한 번 복음전달의 기회를 얻었거나 아니면 그 반대가 될 가능성도 배제할 수 없습니다. 그것은 우리 각 사람이 SNS을 얼마나 복음전달의 기회로 삼을 것인가에 달려 있습니다.

저명한 인류학자이자 세계 최대 반도체 회사 인텔의 상호작용 및 경험 연구소장 제네비브 벨(Genevieve Bell) 박사는 "현대인들은 지루할 틈이 없어졌고, 그 대신 넘쳐나는 일로 과부하가 걸려 있다."라고 말했습니다. 또한 "지루함을 느끼는 순간에 뇌는 스스로를 돌아보고 새롭고 혁신적인 아이디어를 떠올릴 수 있도록 한다."라며 "결국 지루함은 한없이 매력적인 주제이며 우리 인간에게 이로운 것"이라고 언급했습니다.

IT 칼럼니스트 니컬러스 카(Nicholas Carr)도 저서 『생각하지 않는 사람들』(2011)에서 "디지털 기기에 생각하는 능력을 '아웃소싱' 하면서 뇌가 창의적인 생각을 찾아내기보다 정보를 처리하는 데에 급급하게 된다."라고 말했습니다. 뇌를 수많은 정보를 받아들이는 데만 쓰다 보면 뇌의 해당 영역만 비대해진다는 뜻입니다.

이에 따라 일부는 본능적으로 디지털 기기에서 벗어나기 위한 노력을 하고 있습니다. 아무것도 하지 않아도 되는 시간을 일부러 만들면서 스스로를 돌아보는 시간을 갖고 있습니다. 벨 박사는 "최근 연구에서 일부 사람이 지속적인 디지털 세례로부터 벗어나기 위해 인터넷 접속이 불가능한 장소를 찾고 있는 것을 발견했다."라고 말한 바 있습

가슴 뛰는 스마트 선교사

니다.

소셜 네트워크별 특징

소셜 네트워크는 각 서비스마다 특징이 있습니다. 예를 들어 우리나라에서 인기를 끌었던 싸이월드는 정해진 공간에 일기처럼 글을 쓰거나 사진을 올림으로써 자신의 근황을 알리는 데 중점을 두었다면, 페이스북은 내 담벼락이나 허용된 다른 사람 담벼락에 자유롭게 글을 씀으로써 서로 생각을 공유하는 데 중점을 두고 있습니다. 페이스북 친구가 많거나 자신의 글에 누군가 '좋아요'를 많이 클릭해 주면 기분이 좋아집니다.

그러나 이것을 일종의 욕망이라고 보는 분도 있습니다. 프랑스 철학자 라캉이 한 "나의 욕망은 다른 사람의 욕망을 욕망하는 욕망"이라는 말이 여기서도 적용될 수 있습니다. 타인의 욕망을 따라 살면 자신의 주체성이나 정체성은 사라지고, 자신의 초자아를 돌아볼 여유도 없어집니다.

하지만 이와 같은 것이 컴퓨터 자체가 가진 문화적 특성이지 SNS 시대에만 특이하게 갖고 있는 것은 아닙니다. 이미 PC 통신 시절에 우리는 사이버스페이스라는 말을 사용한 적이 있습니다. SNS 시대에도 실존하는 것과 실존하지 않는 것 사이의 구분이 모호해졌습니다. 따라서 우리는 실존하는 것과 실존하지 않는 것 사이에서 늘 고민해야 할 필요성이 생겼습니다. SNS 친구가 많다는 것은 실존하는 것 같지만, 그렇지 않을 수도 있다는 이야기입니다.

　뉴욕의 마케팅서비스기관인 '미스터 유스'(Mr. Youth)가 미국 대학 가을학기 신입생 5,000명을 대상으로 조사한 결과 73%가 페이스북 등 소셜네트워크서비스(SNS) '친구'를 진정한 의미의 친구로 생각하지 않는다고 했습니다(2011.8.23). 또한 미스터 유스 보고서에 따르면 대학 신입생들은 SNS를 통해 사진(84%), 성적 취향(sexual orientation, 69%), 관계 상태(78%) 등 상당히 개인적인 것까지 공유한 것으로 조사됐습니다.

　하지만 현재 거주지 주소, 전화번호나 구매제품 등에 대해서는 서로 공유하지 않는 등 온라인과 오프라인 친구 간에는 명확한 차이가 존재하는 것으로 나타났습니다. 온라인상의 우정은 같은 반, 동아리 등 이해관계를 공유하면서 시작되지만, 73%는 직접 만나서 함께 어울려야만 친구로 생각한다고 보고서는 전했습니다.

　이러한 친구의 개념이 때로는 불분명하지만, 오히려 이러한 매력이 SNS의 단점이자 장점이 될 수 있습니다. 예를 들어 어떤 사람이 잘 알지 못하는 사람과 친구가 된다는 것은 일단 그 접근부터가 쉽지 않습니다. 그러나 SNS는 그 사람을 잘 모르더라도 친구로 접근하는 것을 쉽게 만듭니다.

소셜 네트워크의 선교적 활용

　소셜 네트워크나 스마트폰을 통해 전도나 선교를 하려면 일단 접근점부터 찾아야 합니다. 이를 위해서는 소셜 네트워크의 기술적인 측면과 활용적인 측면을 살펴보아야 합니다.

첫째는 이미 구축된 소셜 네트워크 기반을 활용하는 것입니다. 국내 회사의 마이크로 블로그 형식 서비스는 소셜 네트워크인 네이버 미투데이, 다음 요즘, 네이트 커넥트 등이 있습니다.

북아메리카 지역에서는 페이스북, 마이스페이스, 트위터, 링키딘이, 캐나다에서는 넥소피아, 유럽에서는 비보, Hi5, 마이스페이스, dol2day(특히 독일에서), Tagged, XING, Skyrock(유럽 일부 지역), 남아메리카 및 중앙아메리카에서는 Orkut 및 Hi5, 아시아 및 태평양 연안 지역에서는 Friendster, Multiply, Orkut, Xiaonei가 가장 널리 쓰이는 소셜 네트워크 서비스입니다.

둘째는 각 선교 홈페이지를 소셜화하는 방법입니다. 홈페이지를 소셜화하려면 소셜 커뮤니티 홈페이지와 소통할 수 있는 방법(아이콘화)이 있어야 합니다. 또한 스마트폰에서 사용 가능하도록 최적화해야 합니다. 아울러 주제별로 묶어 볼 수 있도록 RSS화 해야 합니다. 아울러 크리스천 개인이나 목회자, 교회가 개인 블로그 형식으로 소셜화할 수 있습니다.

이를 위해서는 세계적으로 제일 많이 사용하는 워드프레스(WordPress)를 사용할 것을 권합니다. 워드프레스는 설치형 블로그로 독립적인 사이트를 구축할 수 있고, RSS와 스마트폰 문제까지 모두 해결할 수 있습니다. 위키백과가 정보와 내용을 공유해서 사전을 만들었다면 워드프레스는 프로그램을 공유하고자 만든 블로그입니다. 많은 사람이 만들어 놓은 기능(프로그램)을 다운받아 플러그 하는 방식으로 꽂기만 하면 사용할 수 있도록 일종의 프로그램을 협업해서 표준화한 프로그램입니다.

페이스북의 선교적 활용

페이스북은 소셜 네트워크의 한 종류로 웹과 스마트폰을 공유하는 사이트입니다. 이를 통해 사람들 간에 대화하고 정보를 교환할 수 있습니다.

페이스북은 2004년 2월 4일 하버드 대학교 학생이던 마크 주커버그(Mark Zuckerberg)가 설립하여 처음에는 하버드 대학교 학생만 이용이 가능했는데, 점점 스탠퍼드, 컬럼비아, 예일 대학까지 영역이 확대되었습니다. 그 이후에도 아이비리그 대학교들, 뉴욕 대학교, 매사추세츠 공과대, 미국과 캐나다의 대학교 대부분까지 그 영역이 확장되었습니다. 2,000개 이상의 대학교와 25,000개 이상의 고등학교에 네트워크가 생성되었고, 몇몇 기업에까지도 회원 영역이 넓혀졌습니다.

페이스북의 IPO(Initial Public Offering)를 앞두고 페이스북이 제출한 페이스북 사업현황에 대한 자료들을 바탕으로 통계를 보면 페이스북의 모바일 이용자는 4억 8,800만 명이고, 2012년 5월까지 페이스북 가입자는 9억 100만 명입니다. 2012년 말에는 10억 명이 사용할 것으로 예측하고 있습니다. SNS 최대 강자가 나타난 것입니다.

페이스북의 특징은 무엇보다도 친구 맺기 기능이 잘 이루어져 있고, SNS 특징을 그대로 살려 컴퓨터를 비롯한 휴대전화 등에서 불편함 없이 사용할 수 있다는 것입니다. 또한 친구 맺기를 수락하면 많은 개방적인 정보를 얻을 수 있습니다. 미디어 정보들은 구글, 유튜브 등과 같은 다른 사이트와 연동이 잘되어 있습니다.

페이스북은 전체적으로 자기중심적인 담벼락과 공동의 장소인 그룹으로 개념이 구분됩니다. 또 친구가 쓴 글을 모두 볼 수 있도록 뉴스피드를 제공합니다.

선교하는 사람들이 눈여겨 볼 부분은 그룹 기능입니다. 그룹은 '공개그룹', '비공개그룹', '비밀그룹'이 있습니다. 이 그룹 활용을 통해서 선교적 사이트 개설이 얼마든지 가능합니다.

컴퓨터와 통신의 만남으로 새로운 시대가 열렸습니다. 사이버스페이스와 SNS 시대의 선교는 과거 우리 사회에서는 존재하지 않았던 새로운 개념의 선교입니다. 예전에는 기관이나 조직으로 움직여야 가능했던 일들이 이제는 개인 혼자서도 할 수 있게 되었습니다. 이제 이러한 시대의 흐름에 맞는 선교 전략이 필요합니다. 아무도 가보지 않았던 미지의 세계로 우리는 향하고 있습니다. 막연한 두려움을 갖기보다는 이러한 문화를 적극적으로 활용하여 복음전달의 기회로 삼아야 할 것입니다.